Erich Keller

Endlich frei in der Partnerschaft mit EFT

Beziehungsblockaden auflösen mit Emotional Freedom Techniques™

Ullstein

Besuchen Sie uns im Internet:
www.ullstein-taschenbuch.de

Allegria im Ullstein Taschenbuch
Herausgegeben von Michael Görden

Umwelthinweis:
Dieses Buch wurde auf chlor- und säurefreiem Papier gedruckt.

Ullstein ist ein Verlag der Ullstein Buchverlage GmbH, Berlin.
Deutsche Erstausgabe
1. Auflage Februar 2008

Umschlaggestaltung: FranklDesign, München
Titelabbildung: www.leeladhar.com
Satz: Keller & Keller GbR
Druck und Bindearbeiten: GGP Media GmbH, Pößneck
Printed in Germany
ISBN: 978-3-548-74399-8

Inhaltsverzeichnis

Was hält Sie davon ab,
Ihre Probleme und Konflikte
aufzugeben oder loszuwerden?

Sie haben den Zustand von Freiheit und Leichtigkeit
erlebt, es erfahren.
Das ist die Sehnsucht.

Jetzt begeben wir uns auf den Weg dahin.
Nähren Sie die Zweifel oder die Skepsis,
bleiben Sie stehen.

Vorwort

Wenn man sich die Liste der Buchtitel über Beziehungs- oder Partnerschaftsthemen anschaut, dann kann man meinen, es gäbe kein wichtigeres Thema für den Menschen. Mit Ausnahme von Gesundheit, Finanzen und Erfolg ist dem auch so, denn wir sind Beziehungswesen. Beziehungen im Allgemeinen und Partnerschaften scheinen schwierig bis sehr problematisch zu sein, sonst gäbe es nicht so viele Bücher und immer wiederkehrende Ratgeber-Artikel in Zeitschriften, spezielle Coaches, Therapeuten, Kurse.

Wer hat nicht schon wegen konfliktreicher Beziehungen mit Arbeitskollegen oder aus Liebeskummer gelitten? Sie haben dann vielleicht Hilfe gesucht: ein Buch, einen Freund, eine Freundin, einen Therapeuten, einen Berater. Die Sache wurde besser, Sie fühlten sich erleichtert, aber nicht ganz frei davon.
Möglicherweise wiederholt sie sich aber wieder und wieder. Karma, Schicksal, immer die falschen Menschen getroffen? Hat dann die Zeit die Wunden geheilt? Nein, sie sind nur erträglicher geworden. Rückblickend könnten Sie wohl viele Gelegenheiten und einige ganz spezielle Menschen lieber aus Ihrem Gedächtnis löschen.

Mit der in diesem Buch vorgestellten Methode EFT (Emotional Freedom Techniques) können Sie das ganze Spektrum der Beziehungs- oder Partnerschaftsprobleme und damit verbundene negative Emotionen »behandeln«. Sie bei sich selbst, ohne langwierige therapeutische Gespräche. Und Sie können die Methode auch mit anderen anwenden.

Emotional Freedom Techniques ist eine junge Methode, erst etwas über 10 Jahre geworden, und hat nichts mit Psychotherapie zu tun. Es ist eine Technik der energetischen Psychologie. Hunderttausende Menschen nutzen die von dem Amerikaner Gary Craig erfundene Methode weltweit.
Sie ist so vielseitig einsetzbar, dass ich nach meinem ersten Buch, *»Endlich frei! Emotionale und körperliche Blockaden auflösen mit Emotional Freedom Techniques - EFT«*, nun hier die Möglichkeiten des EFT für Beziehungsblockaden beschreibe.

Das faszinierende des EFT ist, dass sich oftmals auch jahrelange und heftige Symptome oder Blockaden schnell auflösen und verschwunden sind. »Es berührt mich nicht mehr, es wühlt mich nicht mehr auf!«
Nach einigen Jahren, da ich EFT mit Menschen als psychologischer Coach mache und es in Kursen vermittle, bin ich es schon gewohnt zu erleben, wie einfach es sein kann, das aufzulösen, was die Beziehungen oder intimen Partnerschaften belastet, schwierig, schmerzhaft oder unerträglich macht.
In der psychotherapeutischen Praxis war das meistens ein quälender, langer Prozess mit selten wirklich erfolgreichem Ende. Das frustrierte Therapeuten und Klienten. Wie viele haben aufgegeben und sich mit dem Zustand abgefunden! Und jetzt haben wir eine schnelle, einfache Methode, mit der jeder (!) seine belastenden oder blockierenden Themen angehen kann. Mit der

Methode EFT lassen sich tatsächlich viele, wirklich viele Themen oder Symptome innerhalb kürzester Zeit elegant auflösen. Dazu brauchen Sie keine therapeutischen, psychologischen oder beraterischen Ausbildungen.

Ich danke Gary Craig, der diese Methode entwickelt hat und mir, wie *allen* anderen interessierten Menschen auch, die Gelegenheit gibt, diese ohne aufwändige Lernschritte und Spezialtrainings zu erlernen. Gary Craig äußerte die Idee, dass sich EFT einmal in der psychologischen Hausapotheke überall auf der Welt finden sollte. Nun, bei Ihnen jetzt auch.

Mein Dank gilt nicht nur Gary Craig und seinem Team, sondern auch den vielen EFT-Anwendern, die ihre Erfahrungsberichte über eine Internetseite (siehe unter Literaturhinweise) *jedem* zugänglich machen. Gary Craigs Website und sein EFT-Manual sind, neben meinen eigenen Erfahrungen mit EFT, die hauptsächliche Quelle dieses Buches und vieler Anwendungsbeispiele.

Einstimmung

Der Begriff »Beziehung« definiert vieles und nichts. Eine Beziehung nicht einzugehen mit einem anderen Menschen, dem ich begegne, ist unmöglich. Selbst flüchtige Begegnungen sind Beziehungen. Die Beziehung vertieft und verlängert sich, wenn wir mit einem oder zahlreichen anderen Menschen dauerhaft zusammen sind - arbeiten, leben, lernen, spielen. Wir erfahren mehr vom anderen und zeigen uns mehr. Mit allen Facetten der Persönlichkeiten.

Noch eine Stufe intensiver kann eine Beziehung unter Freunden sein. Noch mehr wird geteilt, wenigstens ist das die übliche Vorstellung davon. Es mag auch Freundschaften geben, wo wenig mitgeteilt wird, und dennoch ist da eine tiefe Verbundenheit und Akzeptanz.

Eine intime Partnerschaft zwischen zwei Menschen kann zur intensivsten Annäherung mit einem Menschen werden. Diese zwei Menschen können dann auch die körperlich engste Intimität, ihre Sexualität, teilen. Ich habe bewusst »kann« geschrieben. Es kann sein.

Manche Menschen haben die Gabe, mühelos Kontakte mit anderen Menschen herzustellen. Ihre Beziehungen, die sie eingehen, selbst wenn sie nur wenige Augenblicke dauern, sind von Leichtigkeit und Freundlichkeit bestimmt. Menschen erinnern sich gerne an sie und auch nach vielen Jahren, wo sie sich nicht trafen, können sie übergangslos wieder die Beziehung aufnehmen.

Dabei handelt es sich nicht um oberflächliche Beziehungen, nicht um ein künstliches Nettsein.

Andere Menschen können es nicht. Es fällt ihnen nicht leicht, Kontakte herzustellen, anderen Menschen wirklich zu begegnen und Beziehungen einzugehen. Ihre langfristigen Beziehungen sind manchmal kühl, gehemmt oder konfliktreich. Ihre Partnerschaften, sofern sie überhaupt so genannt werden können, sind lust- und freudlos.
Irgendetwas haben sie nicht gelernt oder blockiert sie, um Beziehungen oder Partnerschaften zu schaffen oder leicht zu erleben.

Wir können uns dem Inbeziehungtreten mit anderen Menschen nicht verschließen, denn die Welt ist voller Menschen und keiner kann allein auf diesem Planeten überleben. Manche Menschen behandeln ihre Beziehungen wie eine Zimmerpflanze. Man hat sie, kümmert sich nicht darum, pflegt und düngt sie nicht, gibt ihr keine Aufmerksamkeit, sie soll gefälligst wachsen. Ohne Pflege und Aufmerksamkeit und regelmäßiges, angemessenes Gießen wird sie kränkeln, darben.

Was ist es, was die einen so erfolgreich macht und die anderen ihre Beziehungen glücklos und unzufrieden erleben lässt? Was hindert jemand daran, das anders zu machen, was Beziehungen und Partnerschaften glück- und lustlos macht? Wieso kommt jemand nicht aus der Sackgasse des Unglücklichseins heraus? Warum geschieht einem Menschen immer wieder das Gleiche?

Aus der Sicht des EFT oder der Energetischen Psychologie liegt vieles darin begründet, dass energetische Blockaden auf Grund unangenehmer, schmerzender oder traumatischer Erlebnisse, die als Erinnerungen gespeichert sind, momentane unangenehme Symptome oder negative Emotionen erzeugen. Hier wirkt EFT auf die Blockaden ein.

Darüber hinaus gibt es unbewusste Blockaden - sogar gegen das Glücklichsein. Da sind Schwüre, Verdammungen, Gelöbnisse. Grundsätzliche Ängste und Befürchtungen. Negative Grundeinstellungen oder blockierende Glaubenssätze. Sie machen es jedem unmöglich, destruktives Handeln und Denken abzustellen.

In der Sprache der Energetischen Psychologie werden sie Psychologische Umkehr genannt. Das, was alle therapeutischen oder beraterischen Hilfen zunichte macht: die Selbstsabotage. Sie wirkt als »innere« Anweisung des Gegenteils aller positiver Gedanken und Bemühungen, ein besseres Leben zu führen, sich zu ändern usw.

Was wir uns alles so vornehmen, aber nicht beginnen oder einhalten können. Besser gesagt: dürfen. Denn unser logisches Denken wünscht sich vielleicht eine lebendige Partnerschaft, aber das Unterbewusstsein hat die »innere« Anweisung:
»Ich werde nie glücklich sein.«; »Ich habe es nicht verdient, eine erfüllte Partnerschaft zu führen.«; »Ich fühle mich nie unter Menschen wohl.«; »Ich kann mich auf niemand verlassen.«

Allen diesen Dingen wird im Verlauf des Buches nachgegangen werden und praktische, nachvollziehbare Möglichkeiten aufgezeigt, sowohl die momentanen Blockaden als auch deren mögliche Selbstsabotagen aufzulösen.
Das Außergewöhnliche an der Methode EFT ist, dass sie auf einfache Weise jegliche Blockaden lösen kann. Der Methode ist es gleich, wie groß oder klein das Thema ist.

Wie lesen Sie dieses Buch? Wer EFT schon kennt oder mein erstes Buch, *»Endlich frei! Emotionale und körperliche Blockaden lösen mit Emotional Freedom Techniques«*, gelesen hat, wird in den Grundlagen und der Methode so genannte Updates finden, denn seit dem ersten Buch hat auch der Autor Neues gelernt. Sie können auch gleich mit *Fallbeispiele* und *Übergeordnete Themen* beginnen. Wer die Methode lernen möchte, sollte das Kapitel *Die Methode* aufmerksam lesen und gleich mit dem Klopfen beginnen.

Grundlagen des EFT

Was wir heute unter Methoden der Energetischen Psychologie kennen, wozu auch EFT zählt, hat wohl seinen Anfang in einem Gedanken oder einer Gedankenkette eines Menschen. Wie auch Aspirin uns schon immer geholfen hätte, es aber keinem bekannt war, war das, woraus Aspirin besteht, schon immer da. Die Lösung war immer da, aber erst an einem bestimmten Zeitpunkt wurde sie gegeben.

Der amerikanische Psychologe Roger Callahan therapierte Menschen. 1980 hatte er eine Klientin, die seit frühester Kindheit unter einer Wasserphobie litt. Merkwürdig, mögen Sie denken, Wasserphobie? Ja, das begegnet einem als Therapeut oder psychologischem Berater. In diesem Fall konnte die Frau, Mary, nicht einmal den Anblick von Wasser ertragen und auch keinen Film mit Wasserszenen. Auch ein Vollbad oder nach einem Regenschauer auf die Straße zu gehen war nicht möglich. Nebenbei hatte sie auch noch häufig Kopfschmerzen und Albträume.

Auch Roger Callahan konnte ihr nicht helfen, wie so viele andere Therapeuten zuvor.
Als Roger Callahan dann einen Kongress über angewandte Kinesiologie besuchte, erfuhr er interessante Zusammenhänge zwischen Körper, Geist und Psyche, Energiebahnen, Meridiane, Behandlungspunkte (heute ist das fast schon Allgemeinwissen). Was sich aus dem Besuch des Kongresses ergeben würde, ahnte er damals nicht.

Mit Mary wollte er seine mitgebrachten Erfahrungen ausprobieren. Mal sehen... Eigentlich wollte er Mary wegen ihrer momentanen Übelkeit behandeln und klopfte den Punkt unter dem Auge, der auf dem Magenmeridian liegt. Die Übelkeit war verschwunden. Jetzt wollte er an der Wasserphobie weiterarbeiten. Doch auch die war aufgelöst. Sie war einfach nicht mehr da. Mary lief in den Garten, wo sich ein Schwimmbad befand. Sie tauchte ihr Gesicht in das Wasser, immer wieder und wieder.
Heute macht sie Kreuzfahrten mit dem Schiff.

Ein therapeutisches Wunder war geschehen, eine Erkenntnis »geboren«. Ist der richtige Punkt geklopft, löst sich wundersamerweise das Symptom auf. Roger Callahan erarbeitete in den nächsten Jahren ein System, womit er vielen Menschen helfen konnte.
Die ursprüngliche *Callahan Techniques*, die heute *Thougt Field Therapy (TFT)* genannt wird, bestand aus einer Serie von verschiedenen Klopfreihenfolgen, dem Klopfen bestimmter Akupunkturpunkte, wobei sich der Klient auf sein Symptom oder sein Thema konzentriert.

> Roger Callahan entdeckte auch das nach ihm benannte Callahansche Gesetz. Es gab Klienten, bei denen sich kein Fortschritt einstellen wollte. Selbst wenn sie sich beispielweise bewusst dafür entschieden hatten, ein schädliches Verhalten aufzugeben, oder wünschten, gesund und glücklich zu sein, gelang es ihnen mühelos und immer wieder, genau das Gegenteil zu erfahren oder zu tun.

Es musste also noch eine verborgene Kraft da sein, die das Auflösen, das Aufgeben, das Loslassen blockieren konnte.
Was wir heute als Psychologische Umkehr (psychological reversal) kennen, war davor unbekannt.
Dieses Thema wird später noch behandelt.

Gary Craig war einer seiner ersten Schüler. Er vereinfachte die Methode. Durch sein Beobachten und Vergleichen kam er zu dem Schluss, dass die vereinfachte Methode mit nur *einer* Klopfsequenz für *alle* Themen und Symptome genauso erfolgreich ist. Ein großer Schritt hin zu einer leicht anwendbaren Methode.
Gary Craig wollte, dass diese Methode vielen Menschen bekannt werden sollte. Sie sollte in die psychologische Hausapotheke jedes Haushalts. Nun, dieses Buch leistet seinen Beitrag.

Studien belegen, dass EFT in der Behandlung einer breiten Palette psychischer Beschwerden bei relativ kurzem Zeitaufwand überaus wirksam ist. Bisher wurde diese Methode erfolgreich eingesetzt in der Behandlung von Phobie, Angst, Panikstörung, Depression, Sucht, Ärger- und Wutproblematik, Traumata, Trauer, Essstörung, PTSD (Posttraumatisches Stresssyndrom).

Was einmal als Methode für unerwünschte, negative emotionale Zustände entwickelt wurde, konnte überraschenderweise auch für körperliche Symptome angewendet werden, so für Schmerzzustände, Allergien, Stoffwechselstörungen usw.

Wo kann EFT angewendet werden?

Mit EFT kann grundsätzlich eine Harmonisierung des Energieflusses hergestellt werden, indem Energieblockaden, die mit diesen Beschwerden einhergehen, aufgelöst werden, wie etwa:

- emotionale Konflikte
- mentale Blockaden
- jeglicher Stress
- körperliche Schmerzen
- psychosomatische Beschwerden

Angewendet wird EFT beispielsweise bei:

- allen Konflikten in Beziehungskonstellationen
- Ängsten
- Ärger
- Depressionen
- Eifersucht
- Enttäuschung
- Hass
- Liebeskummer
- Posttraumatischem Stresssyndrom PTSD
- Schamgefühlen
- Schuldgefühlen
- Suizidgefahr
- Trauer
- Traurigkeit
- Traumata
- Verzweiflung
- Wut

Körperliche Symptome sind nicht Thema dieses Buches, dennoch hier eine kurze Auswahl:
Schmerzen, funktionelle Beschwerden der Organe, Allergien, Asthma, Migräne, Hyperaktivität, Stoffwechselstörungen, PMS u.v.m.
Außerdem ist EFT einsetzbar bei Leistungs- und Erfolgsblockaden (Schule, Beruf, Sport, Hobby), Lese-Rechen-Schwäche, Prüfungsängsten.

Diese Liste gibt den jetzigen Stand wieder. Täglich kommen neue Erfahrungsberichte von EFT-Anwendern hinzu. Da EFT keine Grenze der Möglichkeiten lehrt und jeder die Methode anwenden kann, kann sich EFT als eine der zukunftsweisenden Methoden der selbstverantwortlichen Gesundung und emotionalen Wellness weiterentwickeln. Es ist der Anfang und eine von vielen Methoden, die unsere traditionellen, klassischen Verfahren und Überzeugungen überholen werden.

Hintergründe von EFT

EFT und alle Methoden der energetischen Psychologie gehen davon aus, dass der Grund für *jedes* negative Gefühl in der Unterbrechung des Energieflusses des Körpers liegt. Die Erfahrungen mit EFT zeigen, dass negative Emotionen, z. B. im Fall einer traumatischen oder schmerzhaften Erinnerung, nicht durch die Erinnerung an das Geschehen hervorgerufen werden, sondern dass die *Gedanken* (!) an das Trauma im Körper Energieblockaden erzeugen, die sich als negatives Gefühl, Angst, Schmerz oder psychosomatische Fehlfunktion äußern.

Ein Vergleich: Bei dem Gedanken oder der Erinnerung an eine schmerzende Situation legt das Energiesystem eine Sperre ein - kein Strom fließt.

Ein Beispiel:
Ein Mann hat eine unkontrollierbare und unverständliche Furcht vor kräftigen, muskulösen Männern. Diese Furcht führt zu einer Verteidigungshaltung und lässt den Atem stocken. Nun arbeitet er mit mehreren solcher Männer in einem Unternehmen und erlebt ständige (innere) Spannungen. Der Mann wurde als Junge von einem stärkeren, muskulösen Jungen sehr schmerzhaft geschlagen.
Bei EFT muss dieses Erlebnis, nicht aufgespürt, nicht wieder durchlebt werden.

Bei EFT gilt:
Das stressende, belastende, ängstigende, schmerzhafte oder traumatische Erlebnis verursacht eine Störung im Energiesystem des Körpers. Das Erlebnis kann sowohl bewusst (Ich sehe eine ähnliche Situation.) als auch unbewusst (Das Erleben ist mir nicht bewusst, blockiert dennoch ständig.) sein! Die Folgen können emotionale und/ oder körperliche Symptome sein (Furcht, Atemstocken, Spannung).

> Was bei EFT tatsächliche Befreiung bewirkt, ist, dass der automatische Mechanismus *Negativer Gedanke* ➛ führt zu *Energieblockade* ➛ führt zu *Symptom* unterbrochen wird, indem die Energieblockade aufgehoben wird, während die Person sich auf ihr Problem konzentriert.

Der einzige Grund, warum manche Menschen von ihren Erinnerungen gequält werden (wie Unfallopfer, Hinterbliebene, Traumatisierte, Gedemütigte) andere aber nicht, ist in der Tatsache zu suchen, dass bei den »Leidenden« die Erinnerung in der Gegenwart noch eine Energieblockade auslöst, wie »Immer wenn ich an die Trennung meiner Eltern denke, befällt mich diese Atemnot, schnürt sich mir der Magen zusammen, empfinde ich tiefen Schmerz«.

Da EFT die Störung im Energiefluss behandelt, also die Energie wieder frei fließen lässt, muss das ursächliche Ereignis nicht behandelt werden. Es muss oftmals nicht einmal angesprochen werden. Man nennt das auch »tränenlose Auflösung eines Traumas«.

Auf einer anderen Ebene können Glaubenssätze oder Überzeugungen, die im Unterbewusstsein gespeichert sind, energetische Blockaden auslösen, wie beispielsweise der Satz »Ich werde nie wieder vertrauen, sosehr ich auch von jemand geliebt werde«. Bei jeder ähnlichen Situation und natürlich in der Partnerschaft wird sich eine Energieblockade augenblicklich einstellen.

Auch Gelöbnisse wie »Ich werde wie meine Schwester sein« und Verfluchungen wie »Ich werde ihm nie verzeihen und wünsche ihm alles Schlechte« können als dauerhafte, das Erleben bestimmende Glaubenssätze im Hintergrund arbeiten und jeglichen bewussten Wunsch nach einer glücklichen Partnerschaft oder belebenden Freundschaften bis hin zu einer angenehmen Atmosphäre mit Arbeitskollegen sabotieren.

Was bei jedem geschieht, der den Prozess bei sich selbst oder bei anderen durchführt, ist Folgendes: Die Energieblockade führte zu einem Symptom; indem die Energieblockade aufgelöst wird, während die Person sich auf das Thema (ich vermeide oft den Begriff »Problem«) konzentriert und dieses »entblockiert« wird, löst sich das Symptom auf. Es ist so einfach und wirksam und kann monatelange Behandlungen oder therapeutische Beratungen erheblich abkürzen. Positive Ergebnisse stellen sich normalerweise sofort ein und sind von Dauer.

EFT, richtig und konsequent angewandt, kann sehr viele Symptome der Leidensgeschichten erheblich verringern und gleichzeitig unsere Gesundheitskosten senken.

Es wird keine langwierige, oftmals für Patient und Therapeut langweilige und anstrengende, Ursachenforschung betrieben. Auch das nochmalige Durchleben eines Schmerzes oder Traumas findet nicht statt. Das bewirkt genau das Gegenteil - die traumaspeichernde Hirnregion (Amygdala) »vertieft« das Trauma. Es zeichnet sich wie eine Vernarbung im Gewebe ab. Das haben wir lange genug gemacht und waren seltenst erfolgreich. Bei EFT gibt es keine Bonuspunkte oder Lob für durchlebten oder wiedererlebten Schmerz.

EFT hat, richtig angewandt, eine Erfolgsquote von 80-90 Prozent bei emotionalen Themen und Konflikten, wobei die Wirkung in den meisten Fällen dauerhaft ist. Der EFT-Prozess geht schnell, manchmal reichen nur einige Minuten.

Auch Sie, wenn Sie die Methode durch das Buch erlernen, können EFT sofort für sich und andere Probleme angehen und auflösen. Auch Kinder lernen die Methode schnell und wenden sie erfolgreich an.

Die Basis von EFT

Wie emotionale und körperliche Probleme entstehen:

traumatisierende verletzende stressende belastende Erinnerung / Erlebnis	Störung in Form einer Blockade im Energiefluss des Körpers	körperliche Störungen negative Emotionen Verhaltensweisen

> Der Grund *aller* meiner emotionalen Probleme und Beschwerden ist eine *Blockade* im Energiefluss meines Körpers.

Wie geht das vor sich?

Negative Glaubenssätze, Erinnerungen, Bilder und inneres Erleben als Filme bilden Erlebniserinnerungen und Emotionserinnerungen. Auffällig ist, dass unser Gehirn zwischen den beiden Erinnerungen unterscheidet und diese verschieden handhabt. Emotionserinnerungen werden als Schmerzpakete definiert - ein Trauma.

Ein Trauma kann schon der bestrafende Blick der Mutter, das Wegnehmen des Spielzeugs im Kindergarten, die schlechten Leistungen in der Schule mit den dazugehörigen Beurteilungen, der erste Liebeskummer sein. Und was sich da noch alles ansammeln kann, bis wir erwachsen sind. 50 bis 500 gesammelte Traumata können Menschen aufzählen.

Schmerzpakete sind verbunden mit Meridianen und neuronalen Bereichen, die beim Erleben des Schmerzes aktiviert waren. Wenn an das Problem oder Thema gedacht wird, verursachen die Schmerzpakete das Fühlen der negativen Emotionen, die während des Traumas erlebt wurden. Im Gegensatz dazu werden neutrale oder positive Emotionen oder Stimmungen erlebt, wenn das gegenwärtige Leben nicht an das Trauma rührt und sicher erlebt wird.

Wenn keine stressende Erinnerung vorhanden ist, dann ist auch keine negative Emotion möglich, dann liegt keine Beeinträchtigung von Körper, Geist und Psyche vor.

Energiebahnen, Energiepunkte: die Schlüssel

Bei Bäumen, die an der Wurzel geschädigt werden, kann man mitunter beobachten, dass bestimmte Wurzeln bestimmten Ästen zugeordnet sind, häufig auf der gegenüberliegenden Seite. Solche Beziehungen zwischen den Füßen (den Wurzeln) und Organen (den Ästen) gibt es auch im menschlichen Körper. Den Verlauf dieser »Energiebahnen« nennt man die Meridiane.

Die TCM (Traditionelle Chinesische Medizin) ist ein jahrtausendealtes und bewährtes Medizinsystem, dessen

Entwicklungsgeschichte von Anfang an von der Kultur und Philosophie des chinesischen Volkes bestimmt war. Im modernen China werden TCM und westliche Medizin gleichberechtigt behandelt. Es existieren Hochschulen, Forschungsinstitute und Kliniken für beide Medizinrichtungen. Die ersten Hinweise auf eine Behandlung der Meridiane - auf denen die mehr als 360 Hauptakupunkturpunkte lokalisiert sind, die mit Nadeln behandelt werden - reichen bis in die Zeit vor 3000 v. Chr. zurück. Seitdem ist das Wissen um die komplexen Zusammenhänge ständig erweitert worden. In diesen Leitbahnen zirkuliert nach chinesischen Vorstellungen die Lebensenergie Qi oder Chi. Kommt es zu einer Blockierung dieses Energieflusses, sind Schmerzen oder andere körperliche Disharmonien die Folge.

EFT ist eine psychologische Version der Akupunktur - ohne Nadeln. Eine spezielle Sequenz von Energiepunkten nach TCM wird mit den Fingerspitzen abgeklopft, während die Person sich auf ihr »Problem« einstimmt, sodass ein meridianes Gleichgewicht wiederhergestellt wird.

Bei weit mehr als der Hälfte aller Krankheitsfälle wirkt die Psyche mit. Das heißt, ungelöste emotionale Themen können krank machen. Dauerhafte Energielosigkeit, Stress, innere Unruhe können schwächen. Die Beseitigung der psychischen Ursache ist dann meist auch der leichteste Weg zur Auflösung einer Blockade bzw. von Beschwerden.

EFT behandelt einige ausgewählte Punkte auf den wichtigsten Meridianen, die für alle möglichen negati-

ven Emotionen wichtig sind. Dadurch ist ein akribisches Suchen oder eine Diagnose überflüssig.
Neben der Folge, dass beispielsweise Schmerzen, Verspannungen etc. aufgelöst werden, haben diese Punkte auch einen harmonisierenden, regulierenden Effekt auf die Funktionen innerer Organe.
Beispielsweise ist der Punkt auf dem Zeigefinger auf dem Dickdarm-Meridian. Dieser Meridian bedeutet ohne Blockade starker Selbstwert und bei Blockade Schuldgefühle oder -gedanken.

Psychodynamische Zusammenhänge zwischen Körper und Psyche sind hinlänglich bekannt und können uns zusätzliche Hinweise geben: Wer zum Beispiel lungenkrank ist, verwirklicht in seinem Leben das Moment der Intoleranz und des Hochmuts statt Toleranz und Bescheidenheit (damit ist nicht Geiz gemeint!). Menschen mit Bauchspeicheldrüsenerkrankungen kommen mit ihrer Zukunftsangst nicht zurecht. Wer am Dickdarm erkrankt, entfaltet sein Selbstbewusstsein ungenügend und ist erfüllt von inneren Schuldgefühlen.

Ein unbeabsichtigtes Behandeln eines nicht blockierten Meridians bzw. Energiepunktes hat nicht zur Folge, dass dieser nun blockiert wird. Es kann auch nicht zu einer Anfangsverschlimmerung oder zu Nebenerscheinungen kommen - außer ein Problem, das latent vorhanden war, offenbart sich durch andersartige Symptome. Das wird mit EFT dann wieder gelöst.

Hinweis

Mit EFT werden oft innerhalb kurzer Zeit erstaunliche Resultate erzielt. Der Kursleiter und Autor Erich Keller und der Entwickler von EFT, Gary Craig, weisen jedoch ausdrücklich darauf hin, dass sie bei der Anwendung und / oder Vermittlung von EFT weder Heilversprechen machen noch Diagnosen stellen.

EFT aktiviert die Selbstheilungskräfte und löst energetische Blockaden. Die Methode ist aber keineswegs ein Ersatz für eine medizinische oder psychotherapeutische Behandlung. Wenn Sie sich momentan in einer solchen Behandlung befinden und EFT als Selbsthilfemethode anwenden wollen, wird dringend dazu geraten, diesen Sachverhalt mit Ihrem Arzt / Therapeuten zu besprechen. Das Absetzen von Medikamenten geschieht auf Ihre Verantwortung.

Beispiele von EFT-Fällen

Hans zieht sich zurück

Hans ist 42 Jahre. Er arbeitet in einem Architekturbüro mit vielen Menschen in einem Raum. Sein Status ist der eines Projektleiters - einerseits leitet er ein Team, andererseits untersteht er zwei Bereichsleitern. Sein Äußeres ist gepflegt, er ist semi-modisch gekleidet, groß und schlank. Er hat alle äußeren Vorteile eines erfolgreichen Menschen. Wenn da nicht die Furchen in seiner Stirn wären und der unruhige Blick. »Fast jeden Abend bin ich sehr erschöpft.« Er berichtet, sich in dem Team zurückzuziehen. Das macht die Zusammenarbeit nicht leicht und führte schon öfters zu Konflikten. Auch seine Vorgesetzten haben ihn mehrfach darauf hingewiesen, dass sich das ändern müsse.

Pia ist aggressiv

Pia hat eine wichtige Position in einem Unternehmen. Seit Wochen machen ihr Aggressionen zu schafften, die ihre Leistungen beeinträchtigen. Sie mag manche Tage überhaupt nicht mehr arbeiten. Auf die Frage, wann oder wo und vielleicht in Verbindung mit wem die Aggressionen erstmals auftraten, erinnert sie sich an die häufigen Besprechungen. »Es ist vor allem der eine Kollege, der mir gegenüber so brüsk und kritisierend ist.«

Margot ist eifersüchtig

Margot ist Mitte dreißig. Sie ruft an wegen dauerhafter Störungen in ihrer Beziehung. Sie verdächtigt ihren Partner, Interesse an anderen Frauen zu haben. Sie registriert jedes spätere Heimkommen und Zeiten, wo ihr Partner nicht am Arbeitsplatz ist oder verdächtig lange Mittagspausen oder Einkäufe macht.
Wenn sie das Thema anspricht, ist ihr Partner jedes Mal erstaunt, was sie da interpretiert, und versichert ihr, dass da nichts ist von dem, was sie vermutet.
Dieses Denken ist ihr wohl vertraut: »Das ging mir mit allen Partnern so. Meistens begann es nach einigen Wochen oder Monaten des Zusammenseins. Ich kann nicht erklären, wie es dazu kommt.
Es beginnt ganz leise und packt mich dann immer mehr. Die Gedanken daran kann ich nicht mehr lassen und es quält mich, und später beginne ich, meine Partner damit zu quälen.«

Elke kann sich nicht lösen

Auch wenn die Partnerschaft zwischen Elke und ihrem Ehemann, die inzwischen 15 Jahre dauert, für Elke nicht erfüllend ist, kann sie sich nicht von ihm lösen. Sie sucht eine Lösung.
»Irgendwie will ich weg, will da raus, aber ich kann nicht. Es belastet mich seit Jahren. Immer wieder will ich es sagen und etwas unternehmen, aber ich finde nicht den richtigen Zeitpunkt oder mich verlässt der Mut.«

Sie macht mich wahnsinnig

Kevin ist in einem Konflikt. Der Konflikt hat ihn völlig besetzt, sodass seine Arbeit als Manager im Einkauf eines großen Unternehmens darunter leidet. Er ist unkonzentriert, vergesslich, hat in Verträgen wichtige Inhalte vergessen, Preise verwechselt. Seine Leistungsfähigkeit ist gesunken, und zwar so weit, dass sein Beschäftigungsverhältnis nicht mehr lange dauern wird. So kann es nicht weitergehen.
Seit Jahren lebt er mit Marie in einer Beziehung und hier ist die Ursache seines Leistungstiefs. Er möchte mit Marie leben und kann es gleichzeitig nicht, weil ihn einige Verhaltensweisen stören. Sie überfällt ihn abends mit einer Aufzählung der Desaster des Tages, was alles schief ging, was nicht klappte, wer sie unangemessen behandelte, welche Telefonate sie aufbrachten oder langweilten.
Sie hat die Gabe, alles und jedes ins Negative zu drehen, auch seine Zärtlichkeiten - sie sind doch nur gemacht, um sie wieder gut zu stimmen. Dieses ewige Genörgel. Er kann es nicht mehr hören. Er ist erschöpft, es macht ihn verrückt, und das nimmt er mit zur Arbeit. Vielleicht hasst er sie ja schon dafür?

> Was ist hier los? Wie könnten Sie EFT für solche Themen anwenden? Wie machen Sie EFT für genau diese Art von Konflikten?
> Erfahren Sie zunächst über die Methode.
> Später werden die hier vorgestellten authentischen Konflikte mit ihren Auflösungen ausführlich beschrieben.

Die Methode

Die EFT-Methode

Die Methode (der EFT-Prozess) besteht aus folgenden Einzelschritten:

|1| Thema finden, klären

|2| Einschätzung abfragen

|3| Dreimal Einstimmung sprechen und dabei Einstimmungszone massieren

|4| Basissequenz klopfen

|5| Gamutsequenz durchführen

|6| Basissequenz klopfen

|7| Einschätzung wieder abfragen

Der gesamte Prozess dauert 2–3 Minuten, nachdem das Thema oder Problem möglichst genau definiert ist.

> Wenn Ihnen beim Lesen der Gedanke »Das ist aber kompliziert!« oder »Das kann ich mir nicht merken!« kommt, dann ist das schon die erste Übung, die Sie mit EFT machen können.

Am Ende des Buches finden Sie ein Schaubild, das Ihnen hilft, EFT leicht und flüssig durchzuführen. Die meisten EFT-Anwender, wie ich es auch in den Kursen immer wieder erlebe, machen EFT nach wenigem Üben richtig im Sinne von keine Punkte vergessen oder falschen Reihenfolgen. Es ist wirklich eine einfache Methode.

Die Methode wird für die Anwendung für Sie selbst beschrieben und verweist auch auf den Fall, EFT für andere zu geben.

Das Thema

Normalerweise will jemand mit EFT behandelt werden oder die Methode bei sich selbst anwenden, weil etwas als störend, schmerzend, belastend, einengend, stressend empfunden wird. Normalerweise macht man EFT für ein Problem oder ein Thema, und wenn es gelöst ist bzw. keine Emotionen mehr wahrnehmbar sind, ist der Prozess beendet.
Für den Anfang gilt: Je genauer die Beschreibung des Themas, desto eher kann es sich auflösen.
Kopfschmerzen haben ist beispielsweise ein sehr einfaches Thema. *Misshandlung* ist ein komplexes Thema.

Klare Aussagen sind wichtig. Je genauer das Thema benannt wird, desto eher wird es getroffen. Keine Generalisierungen wie *»Ich komme nicht mit Vorgesetzten klar«*, *»Meine Mutter mochte mich nicht«*, *»Männer machen mich unsicher«*, *»So ein komisches Gefühl vor Konferenzen«*, *»Habe Bauchschmerzen vor öffentlichem Sprechen«* behandeln, sondern nach konkreten Situationen suchen / fragen und diese mit EFT angehen.
»Im Dunkeln auf dem Nachhauseweg.«, *»Meine Mutter hat mich selten gestreichelt.«*, *»Am Arbeitsplatz machen mich Männer, die so und so auftreten, unsicher.«*, *»Das starke Druckgefühl in der Brust.«*, *»Stechende Bauchschmerzen bei Diskussionen mit meinem Mann.«*

Beispielsweise sind bei Partnerschaftsthemen generelle Beschreibungen des Unwohlseins zu ungenau. So wie *»fühle mich nicht gewürdigt«, »bin immer der Verlierer«, »fühle mich verraten«, »werde nicht gehört«.*

Dahinter liegen die wirklichen Gefühle oder Bedürfnisse. So ist zu fragen: *»Was genau fühle ich, wenn ich jetzt an die Situation denke?«, »Was genau will ich denn erleben, erhalten, erfüllt haben?«*
Da können Antworten kommen wie *»ich bin wie am Boden zerstört«, »ich bin so traurig«, »ich bin enttäuscht und traurig darüber«, »ich möchte geliebt werden«, »ich fühle eine kalte Wut«* (Volltreffer!).

> In das Thema oder den Einstimmungssatz sollte auch der Name der Person oder der Personen eingebunden sein. »Peter, mein Mann« oder »Herr Schröder, mein Chef« sind eindeutigere Benennungen, die auf genau den Konflikt mit dieser Person zielen.

Nach einem ersten EFT-Prozess kann sich - vielleicht nach weiterem Befragen - ein weiter zurück liegendes Erlebnis (Ursprungskonflikt, Trauma) herauskristallisieren, wie etwa Zurückweisung oder Kritik durch eine wichtige Bezugsperson in der Kindheit, negative Glaubenssätze bezüglich bestimmter Geschlechter, Hautfarben, Körpergrößen bis hin zu dem Dialekt eines Menschen.

Fragebeispiele:
- *»Wenn Sie sich <u>jetzt</u> vorstellen, Sie sind in der Situation mit Ihrem Partner und diskutieren wieder, wie sehr macht Sie das traurig oder hilflos?«*

- *»Wenn Sie sich jetzt vorstellen, Sie treffen... (jemanden, der einen Konflikt, Ärger, Wut, Angst verursacht), wie sehr beunruhigt Sie das?«*

Bei der Beschreibung von Geschichten aus dem Leben der Person, die EFT erhält, oder bei Ihren eigenen Geschichten gilt es, auf das Ansteigen von Emotionen zu achten und diesen Aspekt zu behandeln. Wenn sich die Faust ballt, der Atem stockt, Erröten sichtbar wird, dann ist hier eine starke emotionale Ladung vorhanden, die auf ein Thema hinweist.

> Es kann sein, dass die Emotionen oder körperlichen Erscheinungen sehr stark sind. So sind diese erst einmal mit EFT anzugehen, bis sie sich beruhigt oder aufgelöst haben. *»Auch wenn mir jetzt der Atem stockt,... auch wenn mich das jetzt wütend macht,... auch wenn...«*

Hinter einem Thema können verschiedene und völlig andere Aspekte (als Aspekte werden hier die Hintergrundgeschichten oder die damit verbundenen Themen bezeichnet) verborgen sein, die sich im Verlauf der EFT-Sitzung offenbaren können. Diese werden ebenso und bestenfalls sofort mit EFT angegangen.

Die Einschätzung, der Stresswert / der Wert

Am Anfang und am Ende jedes Durchgangs steht die Einschätzung der Intensität des Themas oder des Stresses, den das Thema auslöst. Im folgenden Text lesen Sie daher vom »Stresswert« oder »Wert«. Die Skala reicht von 0 bis 10. Bei sehr heftigen Themen kann auch ein Wert weit über 10 genannt werden. Sie brauchen diesen Wert, um einen Fortschritt und letztlich die Auflösung des Themas wahrzunehmen.

Stresswert 0:	Stresswert 10:
Ich spüre nichts mehr	Es ist unerträglich
Ich habe es vergessen	Ich habe es so satt
Das Thema berührt mich nicht mehr	Es beeinträchtigt mein Leben stark
Ich bin völlig ausgeglichen und ruhig	Es ist ein übermächtiges Gefühl
	Bekomme keine Luft mehr

0 1 2 3 4 5 6 7 8 9 10

> Wenn es um die Bewertung / Skalierung geht, fragen Sie immer nach wie sehr, wie stark, wie tief, wie schmerzhaft, stressend, ärgernd, enttäuschend ... es jetzt empfunden wird.
> Dem jetzigen Grad von Stress, Beeinträchtigung, Emotionalität, Angst, Panik, Schmerz, Scham, Einschränkung.
> Nicht, wie es damals war, wenn es um vergangene Situationen geht.

Die Person wird beispielsweise gefragt, wie sehr sie durch einen Konflikt mit einer Arbeitskollegin gestresst ist: *»Wenn Sie jetzt an Ihre Begegnung im Büro mit ... denken, wie sehr stresst Sie das?« »Wenn Sie jetzt an Ihren Ärger wegen ... denken, wie stark ist er?«*

Die Einstimmung

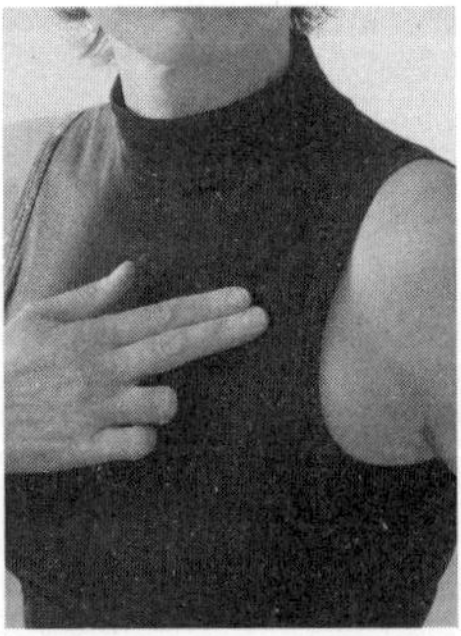

Zur Einstimmung wird das Thema wie beispielsweise »Ich bin so eifersüchtig.« auf der Einstimmungszone massiert. Diese Zone liegt im Brustbereich, und zwar ca. 10 cm unterhalb der Delle unter dem Adamsapfel und dann wieder 10 cm nach links oder rechts, zwischen zweiter und dritter Rippe (im Engl. *sore spot*, im Chin. *Tor des Himmels*, ein neurolymphatischer Reflexpunkt, der bei Druck etwas schmerzhaft spürbar sein kann).

Diese Zone ist immer bei Beginn des EFT-Durchgangs mit zwei oder drei Fingern von der Körpermitte nach außen zu massieren; am besten mit der aktiven Hand.

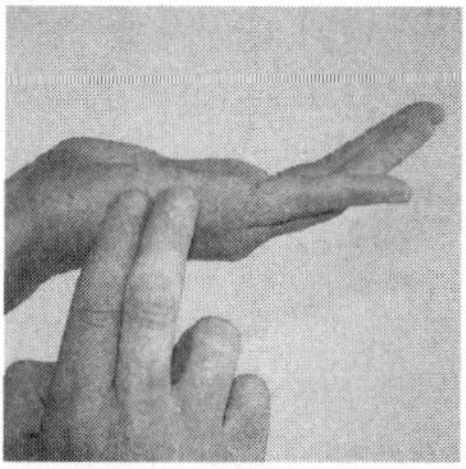

Sie können die Einstimmung auch auf dem Karatepunkt klopfen, der später noch beschrieben wird. Hier wird nicht massiert, sondern mit zwei oder drei Fingern geklopft. Vor allem später, wenn Sie EFT unterwegs anwenden möchten, können Sie diesen Punkt gut nutzen. Denken wir an dicke Pullover und Wintermäntel!

Beide Punkte/Zonen haben die gleiche Funktion im EFT. Die Einstimmungszone steht für die Auflösung einer möglichen Psychologischen Umkehr (PU), auf die ich später noch ausführlicher eingehe.
Sosehr sich ein Mensch wünschen mag, dass ein Zustand aufhört, kann im Unterbewussten eine Sperre vorhanden sein.

Es können Endlosschleifen aktiv sein, die den Menschen immer wieder dasselbe erleben lassen, obwohl er es vernünftigerweise nicht mehr tun würde.
Wenn eine Psychologische Umkehr (PU) vorliegt, ist das Energiesystem an irgendeiner Stelle falsch gepolt. Es ist, als wäre eine Batterie falsch eingelegt, dann fließt kein Strom und die Taschenlampe leuchtet nicht. Auch wenn keine PU vorliegt, schadet es nicht, die Einstimmungszone zu stimulieren.

Der Einstimmungssatz teilt sich in das Thema (Problem, Symptom, Geschichte) und die positive Aussage, dass man »sich liebt und akzeptiert«. Er wird dreimal, während die Einstimmungszone massiert wird oder der Karatepunkt geklopft wird, laut und deutlich gesprochen:

»Auch wenn ich ... (Problem / Thema) habe,
liebe und akzeptiere ich mich voll und ganz.«

Die positive Aussage soll immer den zweiten Teil des Satzes bilden. Sollten Sie Probleme mit der Formulierung »liebe und akzeptiere ich mich voll und ganz« haben, hat sich hier bereits ein Thema gefunden, das mit EFT zu behandeln wäre.
Sie können dann auch sagen, was vor allem für Kinder leichter ist: *»Auch wenn ich ..., bin ich völlig in Ordnung.«*

Beispielsätze:

- *»Auch wenn ich so wütend auf meinen Nachbarn bin, liebe und akzeptiere ich mich voll und ganz.«*
- *»Auch wenn ich so schlecht auf Menschen zugehen kann, liebe und akzeptiere ich mich voll und ganz.«*
- *»Obwohl mich die Erinnerung an die Trennung von ... immer noch quält, liebe und akzeptiere ich mich voll und ganz.«*
- *»Auch wenn ich nicht glaube, dass EFT bei mir wirkt, liebe und akzeptiere ich mich voll und ganz.«*

(Letzteres Thema taucht nicht selten bei Klienten und Kursteilnehmern auf und sollte erst einmal mit EFT behandelt werden.)

Die Sätze können sehr wohl - sie sollten bestenfalls sogar - deutlich und lebendig gesprochen werden. Das »quält« sollte auch wirklich »gequält« klingen, »so wütend« sollte möglichst auch emotional geladen sein, wie auch das »liebe und akzeptiere mich« wirklich danach klingen und nicht runtergeleiert werden sollte.

Wenn sich noch bildhafte Vergleiche einstellen, sehr gut:

- *»Auch wenn ich so starke Vorbehalte gegen Männer habe, die wie hohe Mauern sind, liebe und akzeptiere ich mich voll und ganz.«*
- *»Auch wenn die Erinnerung an die Trennung von Irmi mich immer noch wie eine Nadel im Herzen sticht, liebe und akzeptiere ich mich voll und ganz.«*

Die Punkte

Jetzt lernen Sie die Punkte kennen, die bei EFT geklopft werden. Die meisten Punkte liegen sowohl auf der *linken als auch auf der rechten* Körperseite, das heißt, sie können wahlweise benutzt werden.
Es sind Punkte, die auf den Startpunkten der Hauptmeridiane und direkt unter der Haut liegen und somit leicht erreichbar sind.

Sollten Sie einen Punkt leicht verfehlen: Dies ist keine Akupunktur, wo es um Millimeter geht. Es ist kein Problem; die leichte Erschütterung, die das Klopfen erzeugt, erreicht den Punkt, löst aber bei anderen Punkten keine Wirkung aus.

Punkt 1
IA - Innen Auge, Anfang innere Augenbraue

Punkt 2
SA - Außen Auge, auf dem Knochen, im Augenwinkel, seitlich Auge

Punkt 3
JB - Unter Auge, unter der Augenmitte auf dem Jochbein, da ist eine kleine Einkerbung

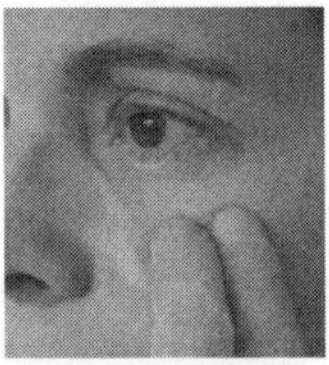

Punkt 4
UN - unterhalb Nase und über Oberlippe mittig

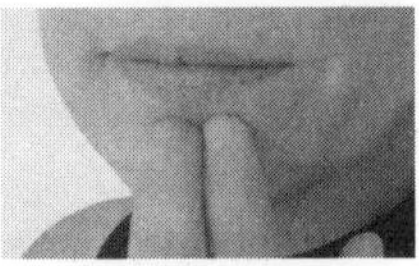

Punkt 5
KI - Kinn, mittig unterhalb Unterlippe / Kinn

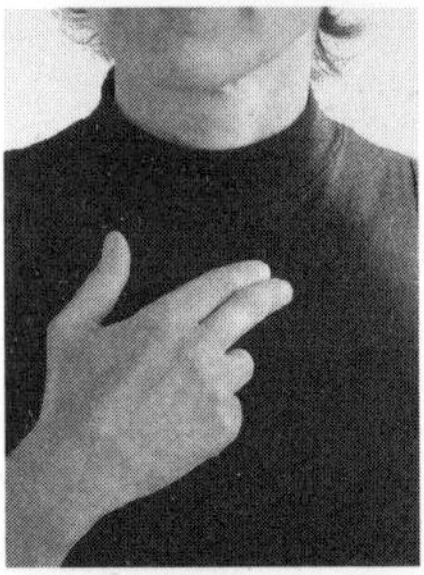

Punkt 6
SB - Schlüsselbein, in der Mulde unter dem Kehlkopf, 3 cm nach unten und 3 cm nach links oder rechts, unter Schlüsselbein und neben dem Brustbein

Punkt 7
UA - Unter Arm, eine Handbreit oder 10 cm unter der Achsel auf Körperseite, auf Höhe der Brustwarze oder oberer Rand des BHs

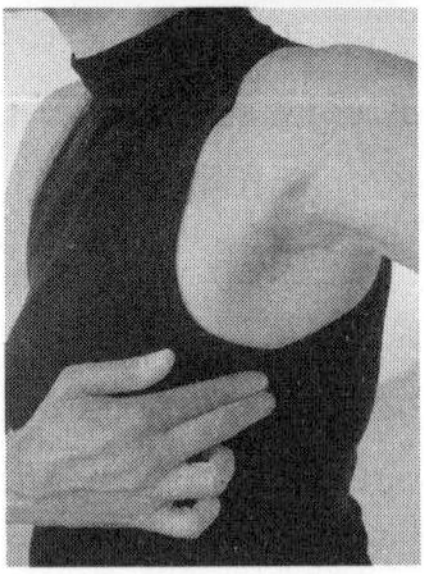

Punkt 8

RP - Rippenpunkt, unter der Brustwarze, zwei Finger unter der Brustfalte (hier ist es manchmal nötig, die weibliche Brust zu heben)

Die nächsten Punkte befinden sich an der äußeren Seite des Fingernagels am unteren Nagelbett:

Punkt 9

DA - Daumen

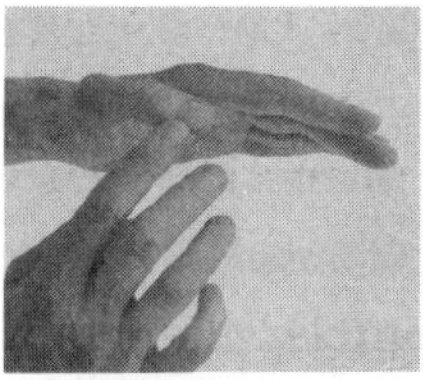

Punkt 10

ZF - Zeigefinger

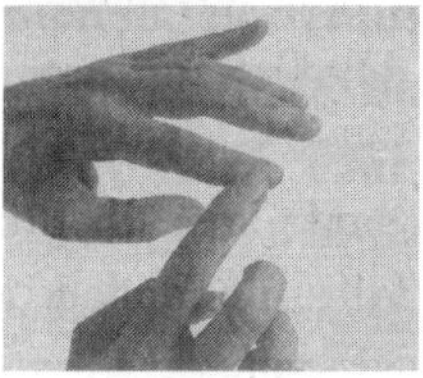

Punkt 11

MF - Mittelfinger

Punkt 12

KF - kleiner Finger

Hinzu noch folgende Punkte:

Punkt 13

KP - Karatepunkt, eine Handlinie führt genau dorthin, hinter das Gelenk des kleinen Fingers

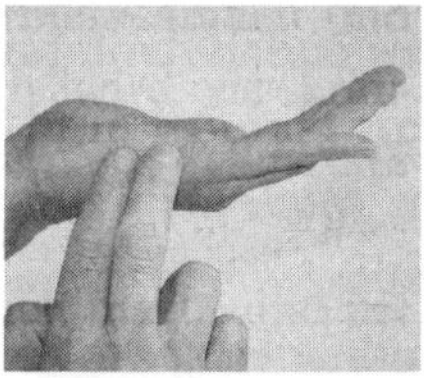

Punkt 14

GA - Gamutpunkt oder -zone, 2-3 cm hinter dem Knöchel von kleinem Finger und Ringfinger in der Rinne auf dem Handrücken

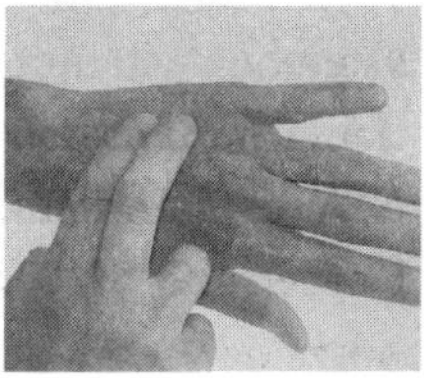

Die Punkte und Zonen

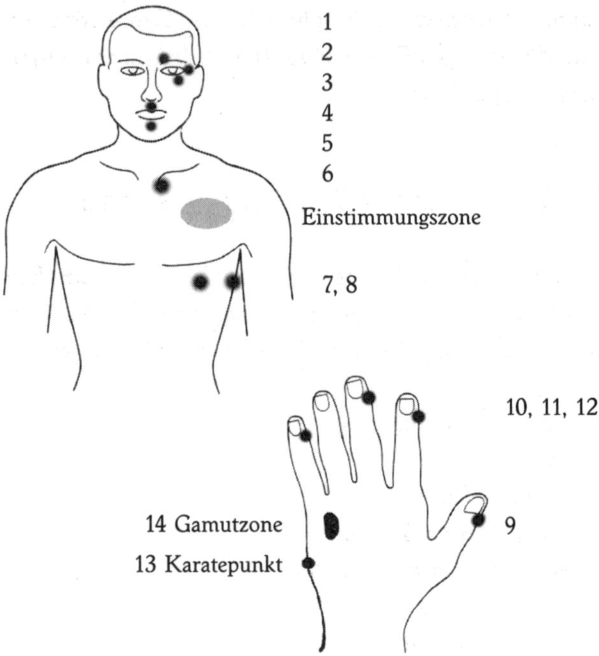

Wie bereits gesagt, ist EFT eine Art Akupunktur ohne Nadeln. Es werden einige Punkte, wie der EFT-Anwender sagt, »geklopft«. Das Klopfen kann mit dem Zeige- oder Mittelfinger ausgeführt werden. Jeder Punkt sollte 7- bis 8-mal geklopft werden.

Die Punkte im Gesicht sind nur leicht zu klopfen, während alle anderen Punkte kräftiger geklopft werden können. Die Gamutzone kann sanft geklopft werden, mit mehreren Fingern. Achtung bei langen Fingernägeln!

Üben Sie das Klopfen, damit Sie Ihren individuellen Druck und das Tempo für sich finden.

Denken Sie daran, wenn Sie EFT einem anderen Menschen geben, dass dessen Empfindsamkeit anders sein kann. Beispielsweise klopfe ich die Gamutzone bei einer 80-jährigen Frau viel sanfter als bei einem 30-jährigen Bodybuilder.

Die Kurzform des Einstimmungssatzes

Während die Punkte geklopft werden, wird der Einstimmungssatz in Kurzform *ständig* entweder laut oder leise wiederholt. Eine Kurzform ist beispielsweise:

»Diese totale Enttäuschung«
»Dieser Stress«
»Diese Eifersucht«
»Die Angst vor der Trennung«
»Diese Sorgen um meine Tochter«
»Die Sucht nach Sex«
»Dieser Liebeskummer«

Die Gamutsequenz

Diese Sequenz wird auf dem so genannten Serien- oder Gamutpunkt geklopft. Der Punkt wurde vor allem von Roger Callahan genutzt, um verschiedenste Aspekte oder Themen zu lösen. Mit dieser Sequenz ist jeder Durchgang zu beenden, um unterschiedliche Hirnbereiche zu aktivieren, die linke und rechte Hirnhälfte zu verbinden - eine Feineinstellung des Zentralnervensystems. Das »Thema« wird sozusagen umfassend verankert. Nur bei später genannten Ausnahmefällen kann die Gamutsequenz entfallen.

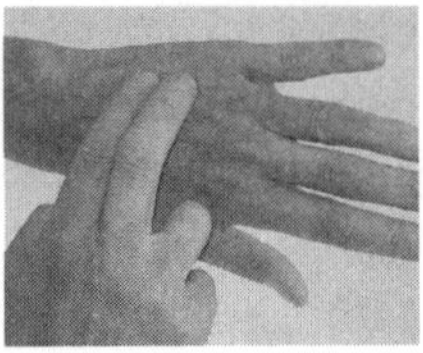

Der Kopf wird aufrecht gehalten und während der Gamutsequenz nicht bewegt. Während der gesamten Sequenz wird mit zwei oder drei Fingern der Gamutpunkt fortwährend geklopft.

1. Augen schließen
2. Augen öffnen und nach unten rechts auf den Boden schauen
3. dann nach unten links auf den Boden schauen
4. Augen im Uhrzeigersinn rollen
5. Augen gegen den Uhrzeigersinn rollen
6. ein Lied summen (nicht singen), 3 bis 5 Sekunden
7. schnell hörbar zählen von 1 bis 5
8. noch einmal summen

Wenn Sie EFT geben und sehen, dass Ihr Gegenüber die Augen nicht ganz (360 Grad) rollen kann, hier ein Tipp: »Zeichnen« Sie mit dem Zeigefinger einen Kreis, dem die Person mit den Augen folgen soll.

Manche Menschen schließen während des EFT die Augen, um sich besser konzentrieren zu können oder währenddessen den Satz wie ein Mantra zu wiederholen. Ich ermuntere mein Gegenüber, die Augen immer offen zu halten, und halte möglichst Augenkontakt. So kann ich eine Veränderung sofort erkennen. Mit geschlossenen Augen können Sie sich gut verstecken und davondriften. Nun noch einmal die ganze Sequenz klopfen.

Jetzt kennen Sie alle Schritte der Basissequenz und können EFT anwenden.

Rückkehr zur Einschätzung, weitere Durchgänge, Veränderung des Einstimmungssatzes

Nachdem die Basissequenz durchgeführt wurde, fragen Sie wieder die Einschätzung (Stresswert) ab. Normalerweise fällt der Wert geringer aus. Machen Sie mit EFT weiter, es folgt ein zweiter Durchgang. Für den nächsten Durchgang nehme ich einen veränderten Einstimmungssatz:

»Auch wenn da noch etwas Ärger ist, …«

Und nach dem nächsten Durchgang, wenn der Wert vielleicht auf 5, dann auf 3, dann auf 2 gesunken ist:

»Auch wenn da noch ein klein wenig Ärger ist, …«

Das Ziel ist natürlich, bei jedem Thema oder Problem auf den Wert 0 zu kommen. Wenn die behandelte Person Ihnen früher andeutet, dass es für sie jetzt so viel

leichter geworden ist und sie damit zufrieden ist, hören Sie auf. Keine gewaltsame Problemlösung.
Sie müssen auch anerkennen, dass komplexe Themen wie schwere Traumata, die von einem Wert über 10 auf Wert 2 gesunken sind, einer in etwa mehrmonatigen therapeutischen Maßnahme entsprechen können.

> Gähnen oder Müdigkeit während oder nach weiteren Durchgängen ist kein Zeichen dafür, dass Sie sich (wenn Sie sich selbst EFT geben) oder Ihr Gegenüber (wenn Sie EFT geben) langweilen, sondern ein deutliches Signal, dass sich Anspannung und Stress gelöst haben. Es tut sich was!

Werden keine sofortigen oder anhaltenden Fortschritte erzielt, können Störungen oder Blockaden vorliegen. Diese können gefunden, benannt und aufgehoben werden. Dazu erfahren Sie später mehr.

Zwischen den EFT-Durchgängen

Hilfreich ist es, wenn Sie oder Ihr Gegenüber zwischen den Durchgängen aufstehen, einmal um den Stuhl herumgehen oder den Platz wechseln. Gehen Sie kurz zum Fenster und schauen Sie hinaus oder betrachten Sie einen Gegenstand im Raum für eine Weile. Ein Glas Wasser sollte immer bereitstehen!

Der EFT-Prozess auf einen Blick

❶ Thema / Problem genau beschreiben

❷ Einschätzung 0 - 10

❸ Einstimmungszone massieren,
dazu 3-mal Einstimmungssatz:
»Auch wenn ..., liebe ich mich voll und ganz.«

❹ Klopfen der Punkte 1 bis 13
mit Wiederholung des Themas in Kurzform

❺ Gamutsequenz
mit ständigem Klopfen der Gamutzone,
ohne Kurzform zu wiederholen

- Augen schließen
- Augen öffnen und nach links unten und rechts unten auf den Boden sehen
- Augen rollen im Uhrzeigersinn / entgegen dem Uhrzeigersinn
- Summen
- Zählen
- Summen

❻ Klopfen der Punkte 1 bis 13
mit Wiederholung des Themas in Kurzform

❼ Einschätzung 0 - 10

Neue Themen tauchen auf

Es kann sein, dass während der Durchgänge Themen auftauchen, mitgeteilt werden, eben das, was hinter den körperlichen Symptomen liegt. Emotionale Blockaden oder negative Gedanken, Glaubenssätze, Überzeugungen - wie Begrenzungen oder Aussichtslosigkeit - können auftauchen und ausgesprochen werden. Sie sind oftmals wie ein Puzzle miteinander verbunden.

> Beschäftigen Sie sich mit allem, was auftaucht, wenden Sie EFT auf wirklich alles an - auf alle emotionalen und mentalen Hintergründe, um die Beschwerden vollständig aufzulösen. Entfernen Sie Teil für Teil des Puzzles und es wird auseinander fallen.

Das Problem wird nicht gefunden

Wenn sich Zustände nicht ändern, liegt es daran, dass die eigentliche Ursache noch wirksam ist. Sie zu finden ist manchmal eine Kunst und erfordert Erfahrung oder Intuition. Glücklicherweise können einige allgemeine Sätze oder Fragen dabei helfen, die Ursache zu finden.

Beispielsweise:

»Woran erinnert Sie diese Sache?«
Das führt oftmals zu wichtigeren Themen, in denen das Problem begründet ist.
»Können Sie sich daran erinnern, wann Sie zum ersten Mal diese Sache bemerkt, gefühlt, erlebt haben?«

»Wenn es hinter oder unter der Sache/dem Thema ein tieferes Gefühl oder etwas gäbe, was könnte es sein?«
»Wenn Sie Ihr Leben noch einmal leben könnten, welche Person würden Sie lieber nicht mehr treffen oder welches Ereignis würden Sie lieber nicht mehr erleben?«
Fragen Sie auch dann weiter, wenn nur ein *»Ich weiß es nicht«* kommt. Sie können auch fragen:
»Was würde es denn für mich sein?«
Die Antwort auf diese Frage bezieht sich meistens genau auf das, was die Person für sich meint.

EFT-Sitzung abschliessen

Verzeihen und Auflösen von Selbstkritik

Jahrzehnte- oder jahrelange körperliche, mentale oder emotionale Selbstsabotage durch Psychologische Umkehr erzeugt oftmals einen heimtückischen Haken im System, der die PU verstärkt, besonders wenn diese mit Scham oder Selbstkritik, einem negativen Selbstbild, Selbsthass - siehe Sucht, die vom Süchtigen als Versagen mit Scham und Selbstverurteilung gekoppelt wird - verbunden ist. Wird diese nach anfänglich erfolgreichem EFT oder durch andere Maßnahmen nicht aufgelöst, kann der Haken das negative Thema wieder installieren.

In einer Basissequenz ist das Sich-selbst-Verzeihen für alle Schmerzen, Verluste, Selbsterniedrigungen, Unterwerfungen und Lügen (also das Auflösen) nach der Behandlung des vordergründigen Themas / Symptoms einzubinden.

Nach der Einschätzung kann beispielsweise gefragt werden:

»Wie sehr verurteilst du dich dafür, dass…«
»Wie sehr schämst du dich dafür, dass…«
»Wie sehr hasst du dich dafür, dass…«
»Wie sehr kritisierst du dich dafür, dass…«

Dann folgen die Lösungssätze, wie beispielsweise:

»Auch wenn ich mich für meine Schmerzen verurteile, …«
»Auch wenn ich mich für meine Lügen schäme, …«
»Auch wenn ich mich für mein Versagen hasse, …«

Erlauben

In einer Sequenz ist dem System zu erlauben, ohne Beschränkung, Blockaden, Vergangenheit, Zwang, Angst, Leiden, Krankheit, Vorurteile, Thema des Klienten zu leben. Das System kann als System oder Herz, Körper, Unbewusstes, Geist, Seele näher beschrieben werden. Es ist jedoch nicht nötig, denn das Unbewusste weiß, worum es geht. Für manche Klienten ist es aber wichtig, es beispielsweise als Herz genauer zu beschreiben, wenn es sich um Liebeskummer, Partnerverlust oder Kränkung handelt. Mit folgenden Beispielsätzen wird der Karatepunkt geklopft:

»Ich erlaube meinem Herz, ohne Schmerzen zu sein.«
»Ich erlaube mir, auch ohne eine intime Beziehung glücklich zu sein.«

»Ich erlaube meinem System, ohne Angst vor dem Alleinsein zu sein.«
»Ich erlaube meinem System, ohne Beschränkungen zu sein.«

Gleiches »Erlauben« ist sinnvoll, wenn dem Klienten Schmerzhaftes von anderen widerfahren ist.

»Ich verzeihe... was er mir angetan hat.«
»Ich verzeihe... was mir durch... geschehen ist.«
»Ich verzeihe allen Menschen, die mich zurückgewiesen haben.«

Verdienen

Eine unbewusste Blockade im Sinne einer Selbstsabotage kann das Auflösen von Themen verhindern, wenn man es nicht verdient hat, gesund, stark, frei, kompetent usw. zu werden.
Sie können auch das Verdienen und das Problem in einem Satz verknüpfen. Ein Beispiel:

»Auch wenn es mir nicht zusteht, frei von Angst vor... zu sein, und ich Angst vor... habe, liebe und akzeptiere ich mich voll und ganz.«
»Auch wenn ich es nicht verdiene, frei von meinem Verlangen nach Anerkennung durch... zu sein, und so viel Anerkennung durch... brauche, liebe und akzeptiere ich mich voll und ganz.«

Ist es wirklich weg? Testen!

Bei sich selbst und vor allem beim Geben von EFT ist es wichtig, die erzielten Erleichterungen oder Erfolge zu Testen. Manchmal wirken alte Konzepte, wie sich nicht zu sehr mit dem Thema zu beschäftigen, sich nicht anzustrengen, schnell aufzugeben, nicht genügend Kraft zu haben (alles das sind schon genügend Gründe, EFT zu machen), nicht zu viel vom Gegenüber verlangen zu dürfen und, und, und.

Wenn ich EFT gebe, dann frage ich noch einmal nach der Situation oder dem Thema wie »Wenn du dir noch einmal die Situation vorstellst, wenn du noch einmal an... denkst, wie geht es dir jetzt damit?«
Änderungen in der Mimik, in den Augen, an der Körperhaltung oder gar Zucken von Armen, Händen, Beinen oder Scharren mit den Füßen sind deutliche Anzeichen, dass das Thema immer noch »geladen« ist.

Sie werden es bei sich und beim Gegenüber mit etwas Aufmerksamkeit sofort wahrnehmen. Jede Mutter kann das Befinden ihres Kindes »lesen«, ohne Worte hören zu müssen. Und fast alle Menschen »lesen« auch Sie ständig. Wenn Sie Ihre Aufmerksamkeit, Ihr höchstes Gut, darauf richten, wird das »Lesen« zur Selbstverständlichkeit und der beste Helfer, EFT sicher und erfolgreich zu geben.

Der Sache auf den Grund gehen – Aspekte erforschen

Bewusste Ebene
Bewusstsein

Symptome

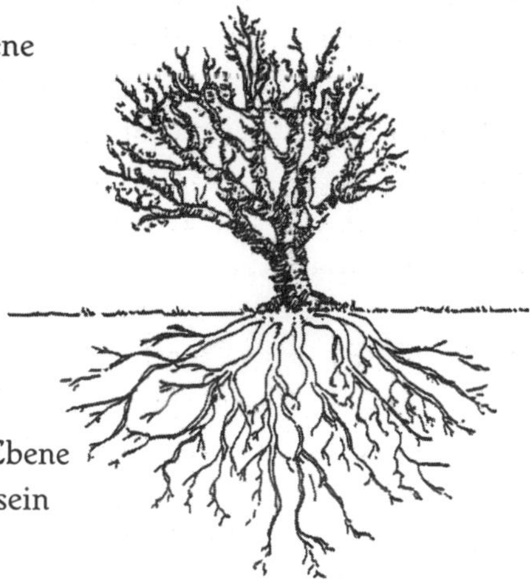

Unbewusste Ebene
Unterbewusstsein

Ursachen

Oftmals sind Blockaden im Unterbewusstsein miteinander verbunden. Die Wurzeln können, wenn zahlreiche Ursachen oder Querverzweigungen bestehen, nach und nach gezogen oder freigelegt bzw. buchstäblich weggeklopft werden. EFT wirkt in einem Geflecht emotionaler Wurzeln, indem Wurzel für Wurzel herausgenommen wird, sodass die Sicht klarer wird, die Situationen transparenter werden. Es gibt auch Fälle, in denen sich durch das Auflösen einer Blockade ganze Blockadereihen auflösen. Begehen Sie nicht die Anfängerfehler, bei einem Thema zu bleiben und sich nach einer EFT-Sitzung zufrieden zu geben.

Das Feld untersuchen, nach Aspekten ausschauen

Es ist eine nichtmedizinische Sichtweise, dass die meisten unserer Unpässlichkeiten, Leiden, Krankheiten, dazu gehören auch Krebserkrankungen und degenerative Symptome, Manifestationen ungelöster emotionaler Themen, wie Traumata, sind.

> Diese Sichtweise rührt von der Beobachtung her, dass körperliche Symptome sich auflösen oder an Heftigkeit verlieren, wenn sich Schuld, Scham, Ängste, Ärger etc., die sich lebenslang aufgebaut oder aufgestaut haben, auflösen.
>
> Es können natürlich auch andere Gründe vorliegen, aber bei EFT hat es sich oft genug gezeigt, dass die emotionale »Reinigung« solche ansehnlichen Resultate auf der somatischen oder psychosomatischen Ebene ergaben.

Es gibt Menschen, die ein beschütztes und ausgeglichenes Leben geführt haben, aber das kommt sehr, sehr selten vor. Eher jedoch haben wir alle Kränkungen, Zurückweisungen, Verletzungen als Traumata erlebt. Wir haben Verwünschungen und Rachegedanken manifestiert, wir haben Menschen verflucht und werden den Fluch nicht mehr los.

Wir haben eine negative Sichtweise oder negatives, dauerhaftes Denken übernommen. Wir unterdrücken Gefühle. Wir nehmen an, dass dieses oder jenes Thema

»doch normal« sei und daher nicht angesprochen werden müsse.

Mancher lebt fortwährend in einem Beziehungskonflikt und meint, alle würden das so erleben und es wäre doch ganz natürlich.

Solange Themen unentdeckt bleiben, werden sie weiter ein Schattendasein führen und das Leben des Menschen beeinflussen.

Welche Themen könnten es sein, nach denen wir fragen können?

- Das Gefühl von Unzulänglichkeit und Wertlosigkeit, weil man nie die Erwartungen von Eltern oder Gesellschaft erfüllt hat. Dies kann sich sowohl auf die Leistungen als auch auf das Erscheinungsbild beziehen. Es kann ein großes Thema sein, das meistens unbewusst ist.

- Vergessene Ängste oder Befürchtungen, die schon in der Kindheit etabliert und dann im Erwachsenenalter zu einer Überzeugung wurden. Aus einem erschreckenden Erlebnis eines Fernsehprogramms in frühen Kindheitstagen kann die Überzeugung »Traue niemandem, der wie… aussieht. Man kann nie wissen, wie Menschen wirklich sind!« werden.

  Derart unlogisch operiert der kindliche Verstand und später reagieren diese Menschen emotional, auch wenn es völlig irrational erscheint.

- Viele Themen werden nicht angesprochen, weil die Überzeugung vorherrscht, damit könne nichts gemacht werden. Es ist eben so! Das kann man nicht ändern. (Da kommen viele kollektive Überzeugungen, die wir übernommen haben können, wie: »Geld macht nicht glücklich.«)

- Es gibt Schuldgedanken über eine Handlung oder das Unterlassen einer Handlung, sodass das Thema nicht angesprochen werden darf.

- Eine »Sünde« wurde begangen und je nach religiöser Überzeugung könnte Gott nur darauf warten, dass sie angesprochen wird, um eine Strafe folgen zu lassen. Es handelt sich dabei um tief sitzende Muster, die nicht zu unterschätzen sind.

Hier noch einige Untersuchungen für Sie, um das Dunkel aufzuhellen:

»Wenn Sie noch einmal leben könnten, welche Person oder welches Ereignis würden Sie lieber nicht treffen oder erleben?«
»Wann haben Sie das letzte Mal geweint und warum?«
»Was macht Sie ärgerlich und warum?«
»Was stresst Sie und warum?«
»Was regt Sie an anderen Menschen auf und warum?«
»Was machte Sie am meisten traurig?«
»Was fehlt Ihnen zu einem perfekten Leben?«
»Nennen Sie drei Ängste, die Sie lieber nicht hätten.«
»Werden Sie in den Himmel kommen?«
»Was hätten Sie lieber nie getan?«
»Was fällt Ihnen zu Verrat ein?«

»Kennen Sie Demütigung und Zurückweisung?«
»Was hat Sie am meisten schockiert?«
»Wie denken Sie über Partnerschaft?«
»Haben Sie lebendige, aufrichtige Beziehungen?«
»Welche Erinnerungen Ihres Lebens belasten Sie heute noch?«
»Wie stark schätzen Sie Ihren Selbstwert ein?«
»Wie sehr sind Sie mit Ihrem Leben zufrieden?«

(Beachten Sie: Es geht um das, was Sie **jetzt** oder **momentan** empfinden bei einer Erinnerung, nicht, wie eine Situation damals war.)

Bedenken nach dem Prozess

»Das ist jetzt hier zwar ganz gut, aber wenn ich wieder zu Hause bei meinem Mann bin, wird die Angst, der Schmerz bestimmt wieder auftreten.«

»Jetzt spüre ich keinen Stress mehr, aber wenn ich wieder ins Büro gehe und mit meinem Chef reden muss, dann kommt das doch bestimmt wieder!«

Halt! Es ist der Gedanke, der die Beschwerden, die negativen Emotionen auslöst. Nach dieser Behandlung hat das System erfahren, dass Gedanken ohne die negativen Folgen kommen dürfen! Das ist ja das Erstaunliche an EFT, dass die Blockade, die sich als negative Emotion zeigt, aufgelöst ist. Wenn etwas doch oder wieder oder stärker als jetzt auftritt, dann ist es ein bisher nicht aufgetauchter Aspekt, den wir nicht behandelt haben.

Unterwegs

Unterwegs, in der Öffentlichkeit, am Arbeitsplatz, im Bus können Sie möglicherweise das EFT-Ritual nicht durchführen, wenn Sie es dringend bräuchten. Besonders das Klopfen am Auge aussen könnte falsch interpretiert werden.

Oft reicht es dann nach einigen, zuvor bereits selbst durchgeführten Sequenzen, wenn Sie die Punkte oder den wichtigsten Punkt, die Sie festlegen, mit sanftem Druck berühren und dabei tief atmen und an das Thema denken.

Manche Menschen klopfen nur den Karatepunkt oder massieren die Einstimmungszone.
Fortgeschrittene stellen sich vor, dass sie eine Sequenz klopfen, wenn Ort und Zeit kein anderes Vorgehen zulassen.

Der Wert der Beständigkeit

Dauerhaftes Anwenden von EFT bei hartnäckigen oder sich wiederholenden Blockaden bringt Erleichterung, Befreiung, Lösung. Mit jeder Behandlung wird das Problem schwächer, andere Aspekte tauchen auf, lösen sich auf.

> Klopfen Sie alles! Es werden immer weniger Aspekte auftauchen, Sie werden immer leichter und freier.

EFT als Stellvertreter

Besonders für Kleinkinder und Babys eignet sich EFT als Stellvertreter. Hier nimmt beispielsweise ein Elternteil die Rolle des Kindes ein und macht EFT mit Einstimmungssätzen wie etwa:
»Ich bin ... (Name des Kindes). Auch wenn ich jetzt verstört aus dem Kindergarten komme, liebt mich meine Mutter voll und ganz.«

Und dann noch den Satz:
»Ich bin ... (Name des Kindes). Auch wenn ich jetzt verstört aus dem Kindergarten komme, bin ich ein liebenswertes, tolles Kind.«

EFT visualisieren

Erfahrene EFT-Anwender visualisieren sowohl das Massieren der Einstimmungszone als auch das Klopfen. Erfahrungsberichten zufolge werden damit die gleichen Resultate erzielt wie beim realen Durchführen der Basissequenz.

EFT per Telefon

Professionelle EFT-Practitioner, -Therapeuten oder -Coaches geben per Telefon EFT, indem sie den Klienten, die die Methode kennen, die Einstimmungssätze geben und sie EFT durchführen lassen. Sie erzielen damit sehr gute Resultate, beispielsweise bei plötzlichen Panikattacken, Krämpfen, in der Drogenentzugbegleitung bis hin zu geplantem Suizid.

Für solche Arbeit oder Situationen muss man professionelles EFT können. Entsprechende Ausbildungen gibt es durch die Videos von Gary Craig (wo Gary Craig EFT für viele Themen demonstriert) und Kurse von EFT-Trainern.

Was EFT am Anfang blockieren kann

Skepsis und Misstrauen

Skepsis gegenüber der Methode (*So einfach kann es doch nicht sein. Na ja, das klingt ja ganz gut, aber muss man nicht daran glauben? Das funktioniert vielleicht in Amerika.*) und Misstrauen (*Was würde aus mir, wenn ich keine Emotionen mehr habe? Vielleicht taucht dann ein anderes, viel größeres Thema auf? Wer weiß, was dann in meinem Energiesystem durcheinander wird?*) können schon vor dem ersten Anwenden der Methode jegliche positiven Wirkungen blockieren.

> Vielleicht hat manch einer sehr viel Zeit und Geld in therapeutische Prozesse investiert. Und jetzt kommt da jemand und sagt, dass alles einfacher und kürzer sein kann.
>
> Behandeln Sie erst die Skepsis oder das Misstrauen mit EFT, bevor Sie das eigentliche Thema angehen.

Der Einwand des Widerspruchs, der Skepsis bietet zwei Möglichkeiten der Auflösung: Es wird die Gegenfrage gestellt, worauf man den skeptischen Standpunkt begründe, und ein Beweis dafür verlangt.

Kann die Person beweisen, dass es wirklich nicht funktioniert?

Es gibt einen sehr alten Einwand gegen die Skepsis, der besagt, dass der Skeptiker, gleichgültig, was er sagt, seine Skepsis oder sein Misstrauen selbst nicht ernst nehmen und nach ihr leben könne.

Diese Fragen können helfen:

»Wie sehr misstrauen Sie mir / dem Verfahren?«
»Wie sehr glauben Sie, dass diese Methode ausgerechnet bei Ihnen nicht wirkt?«
»Haben Sie die Überzeugung, dass Neues nicht gut ist?«
»Sind Sie als Kleinkind Ihrer Umwelt auch schon so misstrauisch begegnet?«
»Kennen Sie das von sich, dass Sie sowieso nie etwas auf Anhieb schaffen?«

Vielleicht brauchen Sie oder Ihr Gegenüber erst noch eine Information, eine Erklärung?

»Wenn ich noch etwas vorher wissen müsste, was wäre es dann?«
»Was ich zuerst oder vorher brauche, ist ...«

Überzeugungen oder Glaubenssätze können im Wege stehen. Lesen Sie die folgenden Sätze und spüren Sie, was bei Ihnen möglicherweise zutrifft. Machen Sie EFT mit anderen, schlagen Sie Stichworte vor.

»Auch wenn ich es nicht wert bin, ohne Krisen zu leben, ...«
»Auch wenn ich es nicht wert bin, glücklich zu werden, ...«
»Auch wenn ich Angst habe vor den Veränderungen, die auf mich zukommen, wenn ich mein Problem nicht mehr habe, ...«
»Auch wenn ich nicht glaube, dass mir ein so einfaches System helfen kann, ...«
»Auch wenn ich nicht in der Lage bin, noch einmal etwas Neues anzufangen, ...«

»Auch wenn andere Probleme damit haben werden, wenn ich anders werde, ...«
»Auch wenn ich glaube, dass ich dieses Problem nie lösen werde, ...«
»Auch wenn ich mich mit allen meinen Begrenzungen und Problemen erlebe, ...«
»Auch wenn ich mein Problem löse und dadurch meine Partnerin verlieren werde, ...«

Währenddessen klopfen Sie oder Ihr Gegenüber selbst den Karatepunkt, oder die Einstimmungszone wird massiert. Der Satz wird dreimal wiederholt.

Widerstand gegen das Klopfen

Manchmal besteht eine Abwehr gegen körperliche Berührung, das Klopfen. Sich selbst klopfen oder geklopft werden ist dann nicht möglich.
Der Widerstand ist zu groß. Hier kann sogar Ärger oder Wut entstehen. Diese Emotionen haben nichts mit der Methode oder einem Trauma zu tun.

Meine Empfehlung für Sie, die Sie mit sich selbst EFT machen: Bei sich selbst erst einmal die Punkte nur berühren, statt zu klopfen, danach sehr, sehr sanft klopfen.

Wenn Sie EFT geben: Machen Sie Stellvertreter-EFT, indem Sie bei sich klopfen und der andere die Sätze wiederholt. Dann versuchen Sie die Punkte nur zu berühren, statt zu klopfen. Danach ist sehr sanft zu klopfen.

»Auch wenn das Klopfen bei mir Ärger/Wut/Angst auslöst, ...«
»Auch wenn sich das Klopfen wie eine Misshandlung/Verletzung anfühlt, ...«
»Obwohl mich die Vorstellung, berührt/geklopft zu werden, verunsichert, ...«

Widerstände gegen den Einstimmungssatz

> Es gibt Menschen, die etwas erschrocken oder gehemmt sind bei dem zweiten Teil des Einstimmungssatzes. Die Idee, sich selbst zu lieben, wird als narzisstisch, überheblich oder übertrieben zurück gewiesen.

Dem begegne ich mit: *»Probieren Sie es einfach mal. Sprechen Sie es aus.«* Wenn da Widerstände sind, kann ich es damit probieren: *»Auch wenn ich es nicht aussprechen kann, bin ich völlig in Ordnung.«, »Ich liebe und anerkenne mich ganz und gar nicht.«*
(Diese Sätze dann dreimal ausgesprochen und auf der Einstimmungszone massiert.)

In den meisten Fällen korrigiert mein Gegenüber seine erste Aussage und kann im weiteren Verlauf des EFT den noch kurz vorher abgelehnten Satz sagen. Mein Gegenüber meint dann, dass es doch nicht so sei, dass da gar keine Selbstakzeptanz sei.

Mitunter sind wir dann schon mitten in einem anderen Thema, was viele EFT-Bemühungen völlig blockiert hätte: Selbstablehnung, Selbstbestrafung, Selbsthass. Diese sind aufzuspüren mit entsprechenden Sätzen und mittels des Verzeihens anzugehen. (Wer sich selbst bestrafen will, kann ein körperliches Symptom entwickeln, um dem inneren Konflikt auszuweichen - eine klassische Konversionsneurose.)

Es können andere Überzeugungen ihr verstecktes Unwesen treiben, die aufgelöst werden müssen:

Meine Begrenzung
»Ich kann nicht über dieses Problem hinwegkommen.«

Meine Wertschätzung
»Ich verdiene es nicht, über dieses Problem hinwegzukommen.«

Meine Sicherheit
»Es ist nicht sicher für mich, über dieses Problem hinwegzukommen, weil ich nicht weiß, was dann passiert.«

Mein Verlust
»Ich werde XY verlieren, wenn sich bei mir mein Problem oder Thema aufgelöst hat.«

Starke Autoritäten
»Mein Therapeut sagt, dass dies ein schwieriges Problem ist und ich es nur durch viele Einzelsitzungen irgendwann vielleicht loswerde.«
»Es ist Gottes Wille, dass ich so sehr leide.«

Meine Identität
»Ich kann dieses Problem nicht aufgeben. Es ist ein Teil dessen, was/wer ich bin.«

Erst wenn diese Blockaden aufgelöst sind - immer mit dem ganzen EFT-Prozess, bis der Wert Null erreicht ist -, kann das eigentliche Thema behandelt werden.

Fallbeispiele

Aggressionskonflikt mit dem Arbeitskollegen

Pia (35) hat eine wichtige Position in einem Unternehmen. Seit Wochen machen ihr Aggressionen am Arbeitsplatz zu schaffen, die ihre Leistungen beeinträchtigen. Sie mag manche Tage überhaupt nicht mehr arbeiten. Sie möchte EFT dazu nutzen, die Emotionen abzubauen und herauszufinden, was die Ursache dafür ist.
Auf die Frage, wann oder wo und vielleicht in Verbindung mit wem die Aggressionen erstmals auftraten, erinnert sie sich an die fast täglichen Besprechungen wegen Beschaffungsplänen.
»Wie stark sind denn die Aggressionen und wann genau beginnen sie?«
»Sie sind stark, eine Acht, und wenn ich jetzt daran denke, dann kommen sie immer auf dem Weg zur Besprechung.«
»Gibt es einen Zusammenhang zwischen dem Thema der Besprechung oder Kollegen, die dabei sind?«
»Es ist vor allem, nein, es ist der eine Kollege, der mir gegenüber so brüsk und kritisierend ist.«

Pia lernt die Methode EFT durch einen Kurs, um sie bei sich selbst zu nutzen. Auf dem Weg zur nächsten Besprechung hält sie auf dem Flur an und beginnt zu klopfen mit *»Obwohl ich jetzt aggressiv werde, weil ich gleich Herrn X begegne, liebe und akzeptiere ich mich voll und ganz.«* Sie macht drei Durchgänge, bis sie völlig ruhig und gelassen ist.
Als sie in den Besprechungsraum kommt, schaut sie Herr X freundlich und offen an. Noch etwas verwirrt beginnt Pia ihre Präsentation.

Herr X war nie wieder brüsk, seine Kritik wandelte sich in Hinweise. Pias Aggressionen sind nicht mehr aufgetaucht, der Widerstand gegen die Arbeit ist verschwunden.

Unerträgliche Vermieter

Marion hat einen »Horror«, wie sie es bezeichnet, und zwar täglich, wenn sie ihre Wohnung verlässt oder nach Hause kommt. Die Vermieter im Haus, erzählt sie, von denen sie eine Wohnung im oberen Stock gemietet hat, sind zu ihr abweisend, maßregelnd und kontrollierend.

»Jedes Mal werde ich beobachtet, wenn ich komme und gehe. Ich sehe sie hinter den Gardinen stehen. Wenn ich etwas im Hausflur stehen habe, kommt garantiert die Aufforderung, es wegzustellen, denn der Hausflur muss frei bleiben. Wenn etwas von meinem Balkon in ihren Garten darunter fällt, liegt es am nächsten Tag demonstrativ vor meiner Tür. Wenn eine Reparatur durchzuführen ist, gibt es erst lange Diskussionen, wer schuld daran ist und dafür aufzukommen hat. Gesprochen wird außer über meine Verfehlungen und meine Pflichten seit Monaten nichts mehr.«

Marion kann aber jetzt nicht umziehen wegen der Arbeitssituation und aus finanziellen Gründen. Was kann ich für Marion tun, die mich deswegen angesprochen hat?

Meine Frage: *»Wann beginnt denn der Horror oder die Emotionen oder Gedanken an die Situation?«* Ich will den Anfang finden.
»Wenn ich kurz vor dem Haus bin, befällt mich diese Enge und Bedrückung.«
»Wenn du dir jetzt vorstellst, Marion, du gehst auf das Haus zu, wie stark spürst du diese Enge und Bedrückung im Moment auf einer Skala von 0 - 10?« (Ich habe Marion

vorher über die Methode kurz informiert und sie weiß, was mit der Skala gemeint ist.)
»*Das ist Zehn*«, kommt es tief atmend.

Wir beginnen mit dem Satz: »*Auch wenn ich diese Enge und Bedrückung spüre, wenn ich nach Hause komme, liebe und akzeptiere ich mich voll und ganz.*« Wir machen mehrere Durchgänge und zwischendurch frage ich immer wieder, ob es jetzt noch da ist oder kleiner wird. Schließlich, nach vier Durchgängen und 10 Minuten, spürt sie bei dem Gedanken nichts mehr. »*Ach, so einfach - wo ist es hin?*«

> Wir fügen noch eine Erlaubnis und ein Verzeihen hinzu. Es muss nicht sein, aber hier möchte ich jegliche Möglichkeiten, dass es wieder auftaucht, ausschließen.

Auf dem Karatepunkt klopfend, wiederholt Marion diese Sätze dreimal:
»*Ich verzeihe mir, dass ich mich so sehr unter Druck setzen ließ, und liebe und akzeptiere mich voll und ganz.*«
»*Ich verzeihe meinen Vermietern, auch wenn ich nicht weiß, warum sie das tun, und akzeptiere sie voll und ganz.*«
(Das Wort Liebe konnte sie nicht nehmen. Lassen wir es also raus.)
»*Ich erlaube mir, mich wohl zu fühlen und entspannt zu sein, wenn ich zu Hause bin oder nach Hause komme, egal, was meine Vermieter sagen oder tun.*«

Müller und Sachs stehen vor der Trennung

Jetzt ein Fall aus der Arbeitswelt. Fred Müller möchte ein psychologisches Coaching. Die Geschichte: Müller und Sachs haben ein Unternehmen gegründet und sind beide Geschäftsführer. Fred Müller bekommt das Zusammenarbeiten mit Sachs nicht mehr. Er weiß nicht mehr, wie er die Eskalation aufhalten kann. Seit zwei Jahren nehmen die Auseinandersetzungen zu. Sie kommunizieren nur noch das Nötigste, gehen sich aus dem Weg. Wie ein altes, zänkisches Ehepaar, so beschreibt es Fred, gehen die beiden Männer miteinander um. Daher machen wir jetzt EFT.

»Sachs ist verschwenderisch, während ich das Geld zusammenhalte!« Sachs richtet sein Büro regelmäßig neu ein, baut um, wechselt früher als Müller das Geschäftsauto, verlängert Geschäftsreisen um einen Tag, um einen kleinen Urlaub einzulegen - und die teuren Hotels, in denen er absteigt, das muss nicht sein. So ist die Klage. Fred wird zunehmend erregter, seine Hände bilden Fäuste.

Er erklärt weiter, Sachs sieht das nicht ein und wirft ihm vor, zu knauserig zu sein. Das ist er aber nicht, er ist nur bedacht, die Kosten so gering wie möglich zu halten. ER braucht keine teueren Hotels. Und Urlaub macht er zweimal im Jahr und er braucht auch nicht ständig neue Büromöbel. Das »ständig« wird gedehnt ausgesprochen, damit der Vorwurf viel Raum einnimmt.

Keiner von beiden kann den anderen verstehen. Fred steht vor der Entscheidung, entweder gehen zu müssen oder Sachs zu bitten, das Unternehmen zu verlassen. Aber er kann Sachs nicht kündigen, sie sind gleichberechtigt.

Fred hat von EFT gehört und möchte den Konflikt lösen. Ich frage ihn: *»Wenn du vorher etwas wissen musst, was wäre es? Wenn du vorher noch eine Information brauchst, welche?«*

> Das ist empfehlenswert, wenn ich sehe, dass mein Gegenüber von einer solchen Methode oder Arbeit nichts kennt und mögliche Befürchtungen oder Vorurteile da sein könnten. Wenn ja, beantworte ich diese.

Fred braucht keine Erklärungen.

Wir machen zunächst die Übung für ein mögliches Switching. (Diese Übung finden Sie auf Seite 177.)

Fred ist danach schon etwas ruhiger geworden. Wir beginnen mit dem Fühlen.
»Wie fühlst du dich, wenn dein Partner wieder einmal viel Geld ausgibt?«
»Es macht mich rasend, weil ich nichts dagegen unternehmen kann.«
»Wie rasend, welchen Wert auf der Skala 0 - 10 erreichst du, wenn du jetzt daran denkst?«
»Sieben.«

Wir machen EFT mit *»Auch wenn es mich rasend macht, dass ich nichts gegen Sachs unternehmen kann, und ich mich hilflos fühle, liebe und akzeptiere ich mich voll und ganz.«* Nach viermal EFT sind wir auf einem beruhigten Niveau von Zwei angekommen. Wir lassen es bei diesem Wert, vorerst.

»Kommen wir zu dir - was sagt Sachs über dich?«
»Ich bin geizig, gönne mir nichts, missbillige sein Faible für schöne Sachen und seinen Lebensstil. Er meint, ich verurteile ihn dafür, wie er ist, und respektiere nicht die Leistungen, die er bringt.«
»Wie fühlst du dich damit? Ist es eine Anklage, trifft es dich?«
»Ja, ich fühle mich überhaupt nicht gewürdigt für mein kostenbewusstes Handeln.«
»Steht denn das Unternehmen finanziell schlecht da?«
»Nein, mir geht es um das Prinzip.«
»Was genau fühlst du, wenn du an die Situation jetzt denkst?«
Nach einer Weile: *»Ich fühle, wie wenn mir übel wird.«*

Okay, machen wir damit weiter. *»Auch wenn mir übel wird, wenn ich an die Kommentare von Sachs denke, liebe und akzeptiere ich mich voll und ganz.«*
Es braucht 3 Durchgänge, bis sich Freds Übelkeit auflöst. Wir machen jetzt seit 20 Minuten EFT.

Jetzt schauen wir mal, welche Vorteile und Nachteile - es gibt eine Lichtseite und eine Schattenseite - sein Verhalten hat.
»Mein Vorteil ist, dass ich für das Unternehmen immer da bin und vor allem nicht so verschwenderisch bin.«

»Also das Gegenteil von Verschwendung ist Sparsamkeit!?«
Ich frage weiter, was ihm zu den Begriffen Verschwendung und Sparsamkeit einfällt - Situationen, Personen, Märchen?

Erster Treffer: *»Wir haben in unserer Familie immer das Geld zusammenhalten müssen, weil wir nie genug hatten. Wir waren immer stolz darauf, dass wir es aus eigener Kraft geschafft hatten. Ohne Kredite, ohne Geld zu leihen usw.«*
Fred ist völlig auf die Schattenseite von Sachs fixiert. Dessen »Verschwendung« geht völlig gegen seine idealisierte »Sparsamkeit«.

Wir beginnen Sätze zu finden. Die folgenden Formulierungen ergeben sich durch dauerndes Klopfen und nachfragen, was Fred noch so einfällt.
»Auch wenn ich Sachs wegen seiner Verschwendung verurteile, liebe und akzeptiere ich mich voll und ganz.«
»Auch wenn ich nicht verstehen kann, wie das weitergehen soll, liebe und akzeptiere ich mich voll und ganz.«
»Auch wenn ich meine Sparsamkeit höher stelle als die Leichtlebigkeit von Sachs, liebe und akzeptiere ich mich voll und ganz.«

Aha, mit der »Leichtlebigkeit« löst sich das strenge »Verschwenderische« ab. Ein wichtiger Hinweis auf eine veränderte Sichtweise. Eine veränderte Sichtweise steht immer für eine Lockerung des Themas!

»Auch wenn ich mir nicht vorstellen kann, auch einmal großzügiger für mich zu sein, liebe und akzeptiere ich mich voll und ganz.«

»Auch wenn ich mir bisher selten Luxus leisten durfte, liebe und akzeptiere ich mich voll und ganz.«

Wieweit kann Fred seinen Kollegen Sachs anerkennen für etwas, was er sich nicht erlauben durfte?

»Auch wenn ich Sachs verurteile für etwas, was ich mir nicht zugestehe, liebe und akzeptiere ich mich voll und ganz.«
»Auch wenn ich noch etwas zögere, mir das auch zu erlauben, was Sachs schon immer tut, liebe und akzeptiere ich mich voll und ganz.«

> Wenn es sich um Glaubenssätze oder Überzeugungen handelt, für die EFT gemacht wird, ist es nicht möglich, nach einem Wert zu fragen. Es kann nur durch eine spätere Veränderung des Denkens und Verhaltens erkannt werden, dass eine Blockade oder negative Sichtweise aufgelöst wurde. Meistens bekommen die Klienten von anderen die Rückmeldung. Wir können es selten fühlen, dass ein Gedanke nicht mehr kommt!

Schließlich ist Fred still, nicht nachdenklich, einfach nur still. Nach einer Weile fasst er es so zusammen:
»Ich sehe, ich verurteile in ihm etwas, was ich mir nicht gestatten durfte. Es ist das, was ich nie sein durfte. Ich kann, so gesehen, von Sachs lernen.«

Was fehlt uns noch? Erlauben und Verzeihen. Sie haben es jetzt so oft gelesen, dass Sie die Sätze für Fred selbst bilden können.

Teamkonflikt

Hans ist 42 Jahre. Er arbeitet in einem Architekturbüro mit vielen Menschen in einem Raum. Sein Status ist der eines Projektleiters - einerseits leitet er ein Team, andererseits untersteht er zwei Bereichsleitern. Sein Äußeres ist gepflegt, er ist semi-modisch gekleidet, groß und schlank. Er hat alle äußeren Vorteile eines erfolgreichen Menschen. Wenn da nicht die Furchen in seiner Stirn wären und der unruhige Blick. *»Fast jeden Abend bin ich sehr erschöpft. Es kann auch daran liegen, dass ich ziemlich penibel in meiner Arbeit bin.«*

Er berichtet, sich in dem Team zurückzuziehen. Das macht die Zusammenarbeit nicht leicht und führte schon öfters zu Konflikten. Auch seine Vorgesetzten haben ihn mehrfach darauf hingewiesen, dass sich das ändern müsse.

»Am liebsten arbeite ich allein, überhaupt mag ich nicht Partys, Familienfeiern, mich inmitten vieler Menschen aufhalten. Vor Besprechungen bekomme ich manchmal Durchfall, manchmal wird mir plötzlich übel. Betriebsfeiern beispielsweise sind mir ein Gräuel, da bekomme ich vorher schon Kopfschmerzen.«

»Ich mache meine Arbeit sehr gerne, sie ist kreativ, abwechslungsreich und wird gut bezahlt. Auch sonst läuft alles gut. Aber in meiner Arbeit schotte ich mich meistens ab, ich meide auch gemeinsame Mittagessen mit Kollegen. Und meistens bin ich am Abend völlig erschöpft. Ich komme mit der Situation nicht klar. Was ist denn los mit mir?«

Wir beginnen mit:
»Auch wenn ich nicht weiß, was mich so erschöpft in meiner Arbeit, liebe und akzeptiere ich mich voll und ganz.«

Nach einem Durchgang beginne ich mit kontinuierlichem Klopfen und frage nach: *»Hat es etwas mit der Zeit zu tun, die du da verbringst?«, »Hat es etwas mit dem Projekt zu tun?«, »Hat es etwas mit den Kollegen zu tun?«*
Nach einigem Klopfen auf Schlüsselbein, Unterarm, Zeigefinger, Mittelfinger seufzt Hans. *»Ich habe das Gefühl, alle beobachten mich.«*
»Ist das auch so bei Familienfeiern, Partys, gemeinsamen Essen mit Kollegen?«
»Ja, jetzt, wo wir darüber so reden, habe ich den Eindruck, ich befürchte immer beobachtet und beurteilt zu werden.«

Wir beginnen mit der Einschätzung, wie sehr sich Hans beobachtet und beurteilt fühlt. *»Acht.«*
Der Satz lautet also: *»Auch wenn ich mich in Gesellschaft und im Team bei der Arbeit beobachtet fühle und glaube beurteilt zu werden, liebe und akzeptiere ich mich voll und ganz.«*

Wir machen fünf ganze EFT-Durchgänge, bis der Wert auf Drei geht. Dieser Wert bleibt konstant, auch wenn ich den Satz verändere. Bis dahin war EFT schon sehr erfolgreich, denn es wären wahrscheinlich einige, zeitlich versetzte therapeutische Gespräche nötig gewesen, um dahin zu gelangen, dass Hans sich wesentlich freier fühlt.

Was tun? Ich frage, ob Hans mit dem Ergebnis für heute zufrieden ist oder ob er weiter EFT machen möchte. Er will. Er sagt, er *will*, das hat Kraft und Motivation. Nutzen wir die Gelegenheit.

»Was könnten die anderen Menschen an dir entdecken?«
»Hmm, weiß nicht. Irgendwas Negatives.«
»Wie sehr glaubst du, dass du etwas Negatives zu verbergen hast, was jemand entdecken könnte?«
»Der Wert ist Neun.«

Hier können wir weiter mit EFT zum Grundthema vordringen.

»Obwohl ich glaube, dass ich etwas Negatives habe, was andere entdecken könnten, liebe und akzeptiere ich mich voll und ganz.«
Nach vier Durchgängen sinkt der Wert auf Zwei. Ich klopfe weiter und lasse Hans erzählen, was das Negative sein könnte.

»Ich erinnere mich an diesen Aufsatz in der Schule, wo mich der Lehrer vor allen anderen so bloßgestellt hat. Er hat Fehler für Fehler ausführlich vor allen erläutert und alle haben sich amüsiert. Ich wäre an diesem Tag lieber im Boden versunken. Ich bin wie benommen aus der Schule und schnell nach Hause gerannt, damit mich ja niemand deswegen anspricht.«

»Wenn du jetzt an diese Situation denkst, wie sehr ist dir das peinlich oder schmerzt dich das?«
»Oh, das schmerzt sehr, wenn ich jetzt daran denke - da ist eine Zehn.«
Wir machen EFT mit *»Auch wenn ich mich bloßgestellt fühle und mich das schmerzt, wenn ich daran denke, wie mich*

der Lehrer behandelt hat, liebe und akzeptiere ich mich voll und ganz.« Es braucht nur zwei Durchgänge und Hans fühlt sich nicht mehr peinlich berührt, es schmerzt ihn nicht.
»Nein, da ist jetzt nichts mehr.«

Wir machen noch das Verzeihen und klopfen dreimal auf dem Karatepunkt: *»Ich verzeihe diesem Lehrer, der mich bloßgestellt hat, und verzeihe mir, dass ich die Geschichte so lange mit mir rumgetragen habe.«*

So weit ist das Thema gelöst. Ich teste noch einmal:
»Wenn du dir jetzt vorstellst, im Büro mit den Kollegen eine Besprechung zu haben, wie sehr fühlst du dich beobachtet und beurteilt?«
»Jetzt kommt da kein ungutes Gefühl. Im Gegenteil, ich finde es spannend, wie ich ohne diese Idee mit den anderen bin.«

Hans hat eine peinliche Kränkung erlebt, die sich als Blockade bis zur Sitzung aufrechterhielt. Gepaart mit seiner Teilpersönlichkeit oder Inneren Stimme, *»Sei genau, sei korrekt!«*, die sich in seinem peniblen Arbeiten ausdrückt, um nie wieder eine Kränkung zu erleben, hat sich die jetzige Situation ergeben.

Ich frage noch nach der Erschöpfung am Abend.
»Jetzt weiß ich, wovon ich abends erschöpft bin. Ich war doch den ganzen Tag darauf bedacht, nichts falsch zu machen und mich zu verstecken.«

Mir reicht es

Waltraud (38) kommt nicht das erste Mal zur EFT-Sitzung. Sie kennt die Methode, sie kann sie auch anwenden. Aber es gibt Momente, da vergisst sie EFT und lässt sich von ihren Emotionen mitreißen. Die Methode ist völlig ausgeblendet.

Das macht nicht nur sie. Viele Menschen vergessen diese einfache Methode in Momenten größter Bedrängnis oder stärkster Emotionen, weil sie dann auf das Gelernte ihrer Kindheit oder des bisherigen Lebens zurückgreifen. Flucht oder Angriff, Verstecken oder Vermeiden, was immer die Überlebensstrategie ist.

Waltraud ist außer sich vor Wut. Die Beziehung zu ihrem Vorgesetzten ist nun endgültig ruiniert. Er hat ihr neben den bisherigen Aufgaben einen zusätzlichen Job gegeben. Im Moment, da er es ihr sagte, war sie »so abwesend«, dass sie nicht begriff, was sie da annahm.

»Dass er mir überhaupt so etwas zumutet.«
»Er hat die Gelegenheit gut genutzt, als ich schon nach Hause gehen wollte und quasi schon in der Türe stand!«
»Ich kann ihn nicht ausstehen, das ist nicht das erste Mal!«
»Ich bin sauer auf mich, dass ich es nicht schaffe, sofort meine Meinung zu sagen und abzulehnen.«
»Wie sehr sauer, wenn du jetzt an die Situation denkst?«
»Fünfzehn, mindestens!«
»Wie sehr sauer auf ihn, wenn du jetzt an die Situation denkst?«
»Zehn!«

Wir machen erst einmal die Übung gegen Switching (siehe Seite 177).
Waltraud kocht nicht mehr vor Wut.

Wir klopfen diese Sätze mit jeweils einem EFT-Durchgang:
»Auch wenn ich sauer auf mich bin, weil ich es nicht schaffe, meine Meinung sofort zu sagen, liebe und akzeptiere ich mich voll und ganz.«
»Auch wenn ich sauer auf meinen Chef bin, weil er mir so etwas zumutet, liebe und akzeptiere ich mich voll und ganz.«
»Auch wenn ich nicht verstehe, warum er das macht, liebe und akzeptiere ich mich voll und ganz.«

Der Ärger über den Chef wird deutlich weniger. Bei dem Wert Eins lassen wir dieses Thema ruhen. Die Wut ist überhaupt etwas anderem gewichen: Traurigkeit. Ich klopfe weiter auf irgendwelchen Punkten und lasse ihr Zeit, sich zu äußern.
Wie traurig macht das Waltraud: Fünf.

Nächster Schritt:
»Auch wenn es mich traurig macht, dass ich immer wieder vergesse, gleich meine Meinung zu sagen, liebe und akzeptiere ich mich voll und ganz.« Ein Durchgang, der Wert sinkt. Noch ein Durchgang mit *»Auch wenn es mich noch ein klein wenig traurig und hilflos macht, …«* Aha, hier taucht etwas anderes auf.

Gleich weiter mit »hilflos«: *»Auch wenn ich mich so hilflos meinem Chef gegenüber fühle, liebe und akzeptiere ich mich voll und ganz.«*

Nach drei Durchgängen und jetzt 20 Minuten ist Waltraud ruhig, gesammelt und entspannt.

Sie wird zu Hause mit EFT weitermachen und meint, wir hätten etwas viel Wichtigeres getroffen, als die Geschichte im Büro.

Konflikte

Konflikte sind oftmals die Spannung zwischen gegensätzlichen Empfindungen, Bedürfnissen oder Notwendigkeiten. Sie werden als Stress erfahren. Zur Lösung eines Konflikts gibt es eine einfache Regel: Akzeptiere die Situation, oder gehe weg von der Situation, oder ändere die Situation (love it, leave it, change it).

Doch die Umstände können es unmöglich machen, die Situation zu verändern, wegzugehen, umzuziehen, einen Job zu wechseln, einen neuen Beruf anzufangen, einen Partner zu verlassen, sich von Familienstrukturen zu lösen usw.

Wenn Sie EFT für *einen* Aspekt des Konfliktes (ich will dies, ich muss das) machen, kommen Sie selten zum Erfolg. Hier empfiehlt es sich, neben dem einen Aspekt auch den *anderen* Aspekt des Konflikts (und will auch jenes, muss auch jenes) in *einem* Satz zu verbinden.

Bei der bisweilen schwierigen Vereinbarkeit von Beruf und Beziehung/Familie und daraus resultierenden Konflikten kann die Situation so lauten:
»Ich muss viel unterwegs sein/lange arbeiten« (ein Aspekt) *»und möchte/soll/will mit meiner Familie/meinem Partner sein«* (ein anderer Aspekt).

Normalerweise würden Sie jeden der Satzteile einzeln klopfen. Wenn Sie jedoch die Satzteile verknüpfen, gehen Sie das Problem in seiner Gänze an - und damit gründlicher und schneller.

»Auch wenn ich viel reisen/lange arbeiten/viel unterwegs sein muss und ich bei meiner Familie sein sollte/will, liebe und akzeptiere ich mich voll und ganz.«
Kurzform dazu: *»Viel reisen, bei Familie sein sollen.«*

Ein Beispiel aus dem Thema Familien-Beziehungen: Verletzte oder zurückgewiesene Kinder hegen manchmal lebenslang Hassgefühle für einen Elternteil, der sie gedemütigt, bloßgestellt, zurückgewiesen, gemaßregelt hat. Die Geschichten sind vielfältig. Diese Ereignisse sind Erinnerungen mit negativem emotionalem Beipack.

> In der Fachsprache lautet das, die Erinnerung ist ein Emotionalpaket. Diese Gefühle sind noch zusätzlich mit dem Tabu verbunden, die Eltern zu hassen. Das Emotionalpaket wird dauerhaft als Blockade bleiben und möglicherweise die Beziehungsfähigkeit des Menschen stören.

»Auch wenn ich meinen Vater hasse, liebe ich meinen Vater und liebe und akzeptiere mich voll und ganz.« Das ist der Einstimmungssatz für diesen Konflikt. Damit wird ein EFT-Durchgang gemacht.

> Dann geht es aber weiter - jetzt kommt etwas Neues: Auf jedem Klopfpunkt werden wechselweise die gegensätzlichen Aspekte genommen.

Beginnend bei Auge Innen, *»hasse Vater«*, zu Auge Außen, *»liebe Vater«*, zu Jochbein, *»hasse Vater«*, und so weiter bis zum Karatepunkt.

Was dann noch auftaucht, für was genau die Person abgelehnt, gehasst, verachtet, verurteilt wird, kann in einem speziellen Satz anschließend behandelt werden.

Und besonders bei diesen Themen das Verzeihen nicht auslassen.

Bei Partnerschaften gibt es oftmals keine echten Trennungsabsichten oder -möglichkeiten. Jemand will aus einer Situation, aber kann nicht oder darf nicht oder wagt sich nicht.
Da sind emotionale Widerstände oder wirtschaftliche Begrenzungen oder moralische Tabus, die eine Lösung durch Veränderung oder Trennung nicht erlauben. Es kommt zum Stillstand oder Patt.

Das könnte so klingen:
»Auch wenn ich total unglücklich bin in dieser Beziehung und da nicht rauskomme, liebe und akzeptiere ich mich voll und ganz.«

Oder:
»Auch wenn ich ohne ihn nicht leben kann und er mich krank macht, liebe und akzeptiere ich mich voll und ganz.«

Die Kurzformen für das wechselseitige Klopfen sind:
nicht leben können - krank macht
total unglücklich - nicht rauskommen

Machen Sie nötigenfalls mehrere EFT-Durchgänge, bis der Wert erheblich geringer geworden oder auf Null gegangen ist.

Ich ertrage meine Schwester nicht

Jörg möchte seine Schwester, die im Ausland lebt, besuchen und jetzt ist er nervös, denkt an Stornierung der Reise, nach Hilfen des Schicksals, dass er ruhigen Gewissens absagen kann.

»Was spürst du jetzt, wenn du an das Zusammensein denkst?«
»Mein Magen krampft sich zusammen und ich bin wie gelähmt.«
Wir machen EFT mit diesem Satz und die Lähmung lässt nach, der Magen ist schon nach einem Durchgang entspannt.

Wir fahnden nach dem, was dahinter steht, in dem ich weiter klopfe, ohne einen Satz - nur mit der Frage:
»Mit was oder wem könnte es zusammenhängen, an wen oder was erinnert es dich?«
»Im Grunde ist sie wie meine Mutter. Sie weiß alles besser und sie hat so starre Regeln, wie es sein soll. Früher bin ich immer vorsichtig gewesen, nicht gegen irgendeine der Regeln zu verstoßen. Ach, es war so eng!«

Wir machen einen neuen Durchgang mit dem Satz:
»Auch wenn ich mich mit meiner Schwester wie bei meiner Mutter fühle, liebe und akzeptiere ich mich voll und ganz.«
Jörg fühlt sich schon befreiter.
»Auch wenn ich mich von meiner Schwester einengen lasse, liebe und akzeptiere ich mich voll und ganz.«
»Auch wenn ich meine Schwester deswegen ablehne, akzeptiere und liebe ich sie doch.«
Jörg ist jetzt noch entspannter.

»Ich erlaube mir, einen entspannten und lockeren Urlaub bei meiner Schwester zu haben, egal, wie sie sich verhält.«
Diesen Satz klopft Jörg sich selbst auf den Karatepunkt und wiederholt ihn dreimal.

»Jetzt bin ich klar mit der Sache und ich besuche sie gerne.«

Nackenschmerzen

Melanie (28) hat seit 3 Jahren ständige Nackenschmerzen, die sich gelegentlich bis zum unteren Rücken ausdehnen. Sie ist »zufällig« in einem Kurs, in dem EFT als mögliche Methode für psychische Störungen demonstriert wird. Sie stimmt zu, die Methode für ihre körperlichen Beschwerden zu versuchen.

Melanie hat in diesem Moment Nacken- und Rückenschmerzen und verbringt nun schon einige Stunden in dem Kurs auf einem Stuhl. *»Die Schmerzen sind mir unangenehm.«* Die Einschätzung der Schmerzen im Moment hat den Wert 3.

Auf die Frage, wie es ihr mit den Medikamenten geht, meint sie, dass diese den Zustand lindern, aber sie fühlt sich wie mit Medikamenten abgefüllt. Das belastet sie mehr als die Schmerzen und die Aussicht, den Zustand noch lange zu haben.

Wir beginnen mit dem Satz *»Auch wenn ich jetzt diese Rücken- und Nackenschmerzen habe, liebe und akzeptiere ich mich voll und ganz«.*
Nach einem Durchgang sind sie nur noch schwach wahrnehmbar. Nach einem weiteren Durchgang mit *»Auch wenn ich noch etwas Schmerzen spüre, liebe und akzeptiere ich mich voll und ganz«* sind keine Schmerzen mehr da.

> Das geschieht oft bei EFT-Anwendungen, oft zur Verwunderung der Klienten oder Kursteilnehmer, weil so etwas doch nicht möglich sein kann.

Ich frage sie, ob zum Zeitpunkt, da die Schmerzen auftraten, etwas geschehen ist, etwas außerordentlich war.
»Da nicht, aber einige Monate vorher ist mein Vater gestorben.«
»Wenn du jetzt daran denkst, löst das noch etwas in dir aus?«
»Oh ja, es belastet mich seit dem sehr!«
»Willst du diese Last loswerden?«
»Ja.«

Ich frage hier nicht nach dem Warum und Weshalb.
»Wie hoch schätzt du die Last ein, die du durch den Tod deines Vaters erfährst?«
»Das ist eine Acht.«
Die Aussage kommt sehr schnell und bestimmt, mit mehr Heftigkeit als die Aussage über die Schmerzen.

»Auch wenn mich der Tod meines Vaters belastet, liebe und akzeptiere ich mich voll und ganz.«
Nach einem Durchgang frage ich wieder nach der Last, die sie zu tragen meint.
»Ich kann mich daran jetzt gar nicht erinnern. Da kommt nichts. Das ist eine Null.«

Der Kurs geht weiter. Nach einer Stunde frage ich wieder nach den Schmerzen.
»Ich fühle nichts. Das kann doch nicht wahr sein!«
»Und was ist mit dem Vater?«
»Er ist gestorben, da kommt nicht mehr das Gefühl von zuvor.«

Angemessen ist in diesem Fall, den Zweifel, der sich durch *»Das kann doch nicht wahr sein!«* ausdrückt, zum Beschließen des EFT zu klopfen.

Panikattacken beim gemeinsamen Skiausflug

David (24) erlebt seit Monaten Panikattacken, die sich in den letzten vier Wochen in ihrer Häufigkeit steigern. Besonders stresst ihn, dass sie dann auftreten, wenn er mit Freunden zum Skifahren ein Wochenende verbringt und sie ihre Zimmer teilen. Regelmäßig fährt die Clique in die Berge und ein Einzelzimmer kostet zu viel. Er hat schon den Status eines Sonderlings und die anderen Männer machen schon leicht abfällige Bemerkungen.

David erlebt einen Konflikt: Mit den Freunden sein zu wollen und Angst vor den Panikattacken zu haben, wenn er mit ihnen übernachtet. Er befürchtet die Kontakte zu verlieren, die Freunde sind ratlos, was sie mit ihm anfangen sollen.

Seit seiner späten Pubertät sind die Zustände immer mal wieder aufgetaucht und er hat Medikamente bekommen, um ihre Wirkungen zu mildern. David hat keine Ahnung, was die Zustände auslöst.

Seine Panikattacken werden begleitet von Übelkeit, Magenkrämpfen, Herzrasen, Konzentrationsschwäche und Schweißausbrüchen.
»Wann genau treten sie auf und wie genau fühlt es sich an?«

> Gründliches und zielgerichtetes EFT fragt immer nach dem Genau.
> Wie genau, wann genau, bei wem genau…

»Wenn ich im Bett liege und Bekannte sind mit im Raum.«
»Die Panik fühlt sich an wie im Bauch beginnend und dann wandert das Zusammenkrampfen nach oben, ich beginne zu schwitzen, ich werde ganz heiß, mein Unterleib und die Beine werden ganz kalt.«
»Macht dich das jetzt nervös oder stresst dich das?«
»Ja, ich bekomme Herzklopfen und ein Kloß ist im Hals.«

Jetzt ist erst einmal das mit EFT zu bearbeiten, die körperlichen Symptome sind aufzulösen, bevor mit dem Thema weiter EFT gemacht wird. Es können Anzeichen eines Traumas sein, aber wir wollen das Trauma nicht noch einmal durchleben lassen.

»Auch wenn ich jetzt Herzrasen und einen Kloß im Hals habe, wenn ich über die Sache spreche, liebe und akzeptiere ich mich voll und ganz.«
Die Kurzform lautet: *»Herzrasen und Kloß im Hals.«*

Bereits nach einem Durchgang verringern sich die Symptome.

»Auch wenn ich noch etwas unruhig bin, weil wir etwas mit der Sache machen, liebe und akzeptiere ich mich voll und ganz.«
Ich klopfe einfach weiter auf einigen Punkten wie Schlüsselbein, Unter Arm, Jochbein, Unter Nase, während er die Kurzform *»Noch etwas Herzrasen und Kloß im Hals«* wiederholt.
David entspannt sich, das Herz ist ruhig, er atmet tief ein.
»Es ist gut.«

Jetzt aber zum eigentlichen Thema. David soll an seine letzte Panikattacke denken und ich klopfe dabei ununterbrochen Schlüsselbein, Unter Arm, Zeigefinger, Mittelfinger, Daumen, Karatepunkt. (Die Reihenfolge ist unbedeutend, ich folge der Intuition, was und wie lange ich klopfe.)

Wenn David das Bild oder Gefühl wieder hat, bilde ich den nächsten Satz:
»Auch wenn ich nicht weiß, warum diese Panikattacken auftauchen, liebe und akzeptiere ich mich voll und ganz.«
Es geht nicht weiter. EFT mit diesem Satz bringt keinen Fortschritt.

Um mit dem Thema weiterzukommen, und meine Ahnung bestätigen zu lassen, stelle ich ihm die klassische EFT-Frage, um den Schleier des Vergessens oder der Verdrängung zu durchdringen:
»Welche Person oder welche Begebenheit würdest du auslassen, wenn du dein Leben noch einmal leben müsstest?«

> Diese Frage können Sie beim EFT stellen, wenn eine Person nichts fühlt oder keine Einschätzung machen kann.

Zögerlich und leise murmelnd erzählt David von einem Ereignis, das er lieber nicht gehabt hätte *»und vielleicht hat das damit etwas zu tun. Denn im Alter von 10 Jahren hat mich ein Mann in einem Hotelzimmer sexuell verführt oder missbraucht. Ich war in einem Hotel mit meinen Eltern. Sie waren schon zum Abendessen gegangen und ich trödelte herum, ging in ein Zimmer, wo die Tür offen stand. Ein Freund mei-*

nes Vaters, der uns auf dem Ausflug begleitete, war in dem Zimmer. Er schloss die Tür und forderte mich auf, mich hinzulegen, zog meine Hosen aus und legte eine Decke über mich, sodass der Unterleib frei und der restliche Körper bedeckt war. Der Mann verkehrte oral mit mir. Meine Gedanken rasten, das Herz klopfte mir bis zum Hals, ich wurde ganz heiß und schwitzte. Gleichzeitig geschah alles wie selbstverständlich und ohne ein Wort. Danach zog er mich an und wir verließen das Zimmer in getrennte Richtungen. Bisher habe ich darüber nicht gesprochen.«

Die Ahnungen haben sich bestätigt. Das ist der Zusammenhang zwischen den Panikattacken und dem sexuellen Erlebnis.

EFT wird nun gemacht mit allem, was David zu dem Ereignis einfällt, insbesondere
»Auch wenn ich panische Angst vor dem hatte, was der Mann machte,...«, »Auch wenn ich dabei verzweifelt an eine Erklärung dachte, die ich später geben müsste,... «
»Auch wenn ich mich schämte und schuldig fühlte, während mich der Mann mit seinem Mund erregte,... «
»Auch wenn ich in diesem Alter noch nicht wusste, ob es Folgen haben würde,... «
»Auch wenn ich neugierig war auf das, was der Mann machte, und es auch genossen habe,... «

Dem Mann muss verziehen werden:
»Auch wenn dieser Mann mich sexuell verführt hat, verzeihe ich ihm voll und ganz.«
Und natürlich ihm selbst:
»Auch wenn ich das damals geschehen ließ und immer darüber schwieg, liebe und akzeptiere ich mich voll und ganz.«

Und seinen Eltern, die den Mann zum Ausflug mitbrachten:
»Ich verzeihe meinen Eltern, dass sie damals diesen Mann zum Ausflug mitgenommen haben.«

Zum Schluss braucht es einen Test, ob das EFT alles bereinigt hat. David soll sich jetzt die letzte Situation vorstellen, wo er eine Panikattacke erlebte. Es kommen nur noch schwache Emotionen. Wir machen mit ihnen EFT:
»Auch wenn da noch etwas Krampf im Bauch ist, liebe und akzeptiere ich mich voll und ganz.«
»Auch wenn da noch etwas Verwirrung ist, liebe und akzeptiere ich mich voll und ganz.«
Danach wirkt er entspannt, gelöst, erhellt.

David nahm noch eine Sitzung, um Schuldgefühle aufzulösen und Klopfsequenzen zu lernen, die er einsetzen kann, wenn er bemerkt, dass der Körper bei Stress und Verletzbarkeit das Trauma bzw. seine damaligen Reaktionen wieder aktiviert.

Auch Monate später hat David keine Panikattacken mehr, die zuvor wöchentlich auftauchten, und eine gemeinsame Übernachtung mit seinen Freunden ist kein Problem mehr.

Sie macht mich wahnsinnig

Kevin ist in einem Konflikt. Der Konflikt hat ihn völlig besetzt, sodass seine Arbeit als Manager im Einkauf eines großen Unternehmens darunter leidet. Er ist unkonzentriert, vergesslich, hat in Verträgen wichtige Inhalte nicht aufgeführt, Preise verwechselt. Seine Leistungsfähigkeit ist gesunken, und zwar so weit, dass sein Beschäftigungsverhältnis nicht mehr lange dauern wird. So kann es nicht weitergehen.

Seit Jahren lebt er mit Marie in einer Beziehung und hier ist die Ursache seines Leistungstiefs. Er möchte mit Marie leben und kann es gleichzeitig nicht, weil ihn einige Verhaltensweisen stören. Sie überfällt ihn abends mit einer Aufzählung der Desaster des Tages, was alles schief ging, was nicht klappte, wer sie unangemessen behandelte, welche Telefonate sie aufbrachten oder langweilten.

Sie hat die Gabe, alles und jedes ins Negative zu drehen, auch seine Zärtlichkeiten - sie sind doch nur gemacht, um sie wieder gut zu stimmen. Dieses ewige Genörgel. Er kann es nicht mehr hören. Er ist erschöpft, es macht ihn verrückt und das nimmt er mit zur Arbeit. Vielleicht hasst er sie ja schon dafür, dass er die Sache mit in seine Arbeit nimmt, gleichzeitig liebt er sie.

Wo soll man da anfangen? Bei dem, was Kevin fühlt oder denkt, wenn er sich die Negativliste anhören muss und sie nicht stoppen kann. *»Ich kann nicht eingreifen, ich bin wie gelähmt. Ich bin dann nicht mehr der Mann, der ich* *eigentlich bin. Ich fühle mich schwach und unfähig, etwas zu unternehmen.«, »Und das alles ärgert mich, ärgert mich sehr!«*

»Auch wenn ich mich schwach und unfähig fühle, liebe und akzeptiere ich mich voll und ganz.«
»Auch wenn ich mich wie gelähmt fühle, liebe und akzeptiere ich mich voll und ganz.«
»Auch wenn ich nicht weiß, was ich mit ihr machen soll, liebe und akzeptiere ich mich voll und ganz.«
»Auch wenn ich Marie vielleicht schon hasse, liebe und akzeptiere ich mich voll und ganz.«
»Auch wenn ich mich über Marie ärgere, dass sie mich so schwach und lahm und klein machen kann, liebe und akzeptiere ich mich voll und ganz.«
Das sind einige Runden EFT, es dauert nur 15 Minuten, bis die Werte auf Zwei oder Eins oder Null gegangen sind.

Zwischendurch steht Kevin immer auf, streckt sich, trinkt Wasser.

Seine Urteile und Aufregung über seine Partnerin könnten ja etwas mit einer anderen, wichtigen Person in Kevins Leben zu tun haben. Das nennt man eine Übertragung. Frage für Kevin:
»Gibt es jemand, der ein ähnliches oder gleiches Verhalten hat?«
»Oh, ja, Marie ist wie meine Oma!«
Er beugt sich vor, vergräbt sein Gesicht in beide Hände.

Als er sich wieder aufrichtet und mich ansieht, sieht er aus, als ob er bei etwas Verbotenem erwischt wurde. (Böser Junge, so über Oma zu reden!)

Jetzt können wir mit der Aussage weiter EFT machen. Für jeden Satz gibt es eine anfängliche Wertung und anschließend eine Kurzform.

»Auch wenn mir nicht aufgefallen ist, dass Marie wie meine Oma ist, liebe und akzeptiere ich mich voll und ganz.«
»Auch wenn ich es hasse, dass Marie wie meine Oma ist, liebe und akzeptiere ich mich voll und ganz.«
»Auch wenn ich es hasse, dass Marie wie meine Oma ist, und ich meine Oma liebe, liebe und akzeptiere ich mich voll und ganz.« (Wir verbinden die beiden Seiten des Konflikts!)
»Auch wenn es mich immer verrückt gemacht hat, wie meine Oma ist, und ich meine Oma liebe - liebe und akzeptiere ich mich voll und ganz.« (Wir verbinden wieder die beiden Seiten des Konflikts!)

Alles, was Kevin noch über seine Oma einfällt, was ihn aufregt, was ihn verrückt macht, was ihn stresst, wird mit EFT gründlich behandelt.

Wir halten jetzt Ausschau nach der Sache mit dem Zustand des Schwach- und Hilflos- und Unfähigseins. Da ist noch etwas zu lösen. Kevin ist einverstanden.

Was ihm denn dazu einfalle, wenn sich jemand so fühlt und sich gleichzeitig wie ein erfolgreicher Manager gibt? *»Na, das bin ja wohl jetzt ich!«*

»Auch wenn ich die anderen blende, liebe und akzeptiere ich mich voll und ganz.«
»Auch wenn ich Angst davor habe zu versagen, liebe und akzeptiere ich mich voll und ganz.«

»Auch wenn ich mich darüber aufrege, dass ich mich nicht gegen Marie durchsetzen konnte, liebe und akzeptiere ich mich voll und ganz.«
»Auch wenn ich meine, ein Versager zu sein, aber bisher viele Situationen gemeistert habe, liebe und akzeptiere ich mich voll und ganz.«
Das dauert noch einmal 6–8 Minuten. Jetzt fallen die Werte immer schneller nach Null.

Kevin ist jetzt klar, was sich abgespielt hat. Wer welche Rolle und Verantwortung hatte. Ob er die Beziehung mit Marie mit dieser Einsicht neu erleben will und wird? Sicher, meint er.

Doch hier fehlt mir noch etwas. Kevin soll wählen und findet seinen Satz selbst :
»Ich wähle eine erfüllte und humorvolle Beziehung zu erleben!«
(Gut! Wählen ist kraftvoller als Erlauben, und jetzt erwähnt Kevin sogar »Humor«.)
»Ich wähle, ab jetzt aufmerksamer zu sein, wenn ich Vorbehalte und Urteile über andere bei mir entdecke.«
»Ich verzeihe meiner Oma und Marie und mir und allen anderen.«
Diese Sätze werden dreimal wiederholt und auf dem Karatepunkt geklopft.

Ende der Sitzung nach 60 Minuten.

Kevin und Marie sind wieder ein glückliches Paar. Marie nörgelt nicht mehr, sie beschwert sich nicht mehr. Es hat einfach aufgehört. Obwohl sie kein EFT machte. So passiert es oft: Ein Partner macht etwas anderes und der andere Partner dann auch. Hier nahm Kevin seine Vorbehalte und negativen Urteile über seine Oma zurück und Marie hörte auf, sie ihm zu zeigen.

Soziale Phobie

Bei Themen, die eine Problematik mit der Öffentlichkeit und schwierige Beziehungen im allgemeinen beinhalten kann es sich um eine soziale Phobie handeln. Sie ist eine Phobie wie jede andere Phobie vor Höhe, Tiefe, Tieren, Plätzen.
Bei dieser Konstellation lege ich Klienten erst einmal diesen Fragebogen vor. Er hellt die Situation schnell auf - es kann sich, muss sich aber nicht um eine soziale Phobie handeln.

Fragen zur Sozialen Phobie

1. Fühlen Sie sich in sozialen Situationen, in denen Sie beobachtet, von anderen beurteilt werden oder im Mittelpunkt der Aufmerksamkeit stehen könnten, ängstlich nervös oder sehr aufgeregt?

   ❑ Ja ❑ Nein

2. Machen Sie sich übertriebene Sorgen, dass Sie etwas tun oder sagen könnten, das Ihnen peinlich sein könnte oder Sie vor anderen demütigen könnte, oder dass andere schlecht von Ihnen denken könnten?

   ❑ Ja ❑ Nein

3. Fällt es Ihnen z. B. übermäßig schwer oder sind Sie nicht in der Lage, in der Öffentlichkeit / vor einer Gruppe zu sprechen; haben Sie Schwierigkeiten im Beisein anderer zu essen; sind Sie nicht in der Lage,

in öffentlichen Toiletten zu urinieren; befürchten Sie, dass Ihre Hände im Beisein anderer z. B. beim Schreiben oder Kaffee trinken zittern könnten, oder haben Sie Angst zu erröten?

❑ Ja ❑ Nein

4. Werden Sie durch diese Angst in Ihrem Leben, Ihrer Arbeit oder Ausbildung oder bei sonstigen Aktivitäten beeinträchtigt?

❑ Ja ❑ Nein

Falls Sie alle vier Fragen mit JA beantwortet haben, ist die Wahrscheinlichkeit groß, dass Sie unter einer Sozialen Phobie leiden.

Phobien - sie sind eine spezifische Psychologische Umkehr - lassen sich normalerweise mit EFT gut, schnell und restlos auflösen.

EFT wird mit dem Standardsatz gemacht, in den die Beeinträchtigung eingesetzt wird.

»Auch wenn ich Schwierigkeiten habe, im Beisein anderer zu essen, liebe und akzeptiere ich mich voll und ganz.«
(Mir fällt es auch oft schwer, wenn ich gleichzeitig das Essen genießen und mich unterhalten soll. Das ist aber keine Soziale Phobie.)
Nach vorheriger Einschätzung werden so lange EFT-Durchgänge gemacht, bis ein sehr niedriges Resultat erreicht wird.

Sie können auch nach einem vollen EFT-Durchgang mit der ständigen Wiederholung der Kurzform des Satzes wie »Essen in Gesellschaft« nur die Punkte Unter Arm, Schlüsselbein links, Schlüsselbein rechts, Jochbein klopfen. Regelmäßiges Nachfragen des Wertes gibt dann Auskunft, wie weit der Stress zurückgegangen ist.

Wichtig ist es, anschließend zu testen. D.h. die Situation sich noch einmal vorstellen und möglichst erzählen. Wenn dann der Wert doch wieder steigt, also wieder Stress empfunden wird, kann nach einer Verbindung mit einem anderen Thema gefragt werden.

Wenn sich Phobien durch EFT anfänglich auflösen, also der Stresswert sinkt, dann kann man nach diesen Themen fragen:

»Wenn es einen anderen Grund hinter dieser Angst gibt, was würde oder könnte es sein?«
»An was erinnert dich diese Angst?«
»Wenn du dein Leben noch einmal leben könntest, was hättest du lieber nicht erlebt oder wen hättest du lieber nicht getroffen?«
»Mit was hat das Essen in Gesellschaft noch zu tun?«

Danach ist einfach auf den verschiedensten Punkten zu klopfen und auf Antworten zu warten. Irgendetwas kommt meistens, was auf ein mögliches, noch blockierendes Ereignis deutet.

Sie können Ihr Gegenüber fragen, wenn Sie EFT geben: *»Wenn ich dieses Problem hätte, was wäre es wohl für* *mich?«* Mit diesem Trick ist es manchmal möglich, sich als Projektionsfläche für das Thema des anderen anzubieten. Es ist dann oft genau das Thema der Person, die ich frage.

Phobien, um das noch einmal hervorzuheben, sind Lösungen der Psyche, um einer Angst nicht zu begegnen. Wir müssen die Ursprungsgeschichte oder das Ursprungsereignis nicht kennen, damit sich eine Phobie auflöst.

Manchmal nimmt so eine EFT-Auflösung interessante und überraschende Wendungen: Ein Mann mit Höhenangst - also Phobie - meinte nach dem dritten EFT-Durchgang, dass er sich seine ganze Kindheit oder sein ganzes Leben unterdrückt, gehemmt, eingeschränkt, beobachtet, kontrolliert, zurückgewiesen erlebt hat. Nun, das ist eine starke Blockade, die wir mit EFT auflösen können.

Dazu folgt ein Fallbeispiel - *Carla kriegt keinen Bissen runter.*

Carla kriegt keinen Bissen runter

Carla (24) leidet regelmäßig bei Geschäftsessen, an denen sie aus beruflichen Gründen teilnehmen muss. Sie bekommt keinen Bissen runter, ist angespannt (da will der Magen sowieso nichts aufnehmen) und versucht immer wieder neue Ausreden, um sich so schnell wie möglich zu verabschieden.

Auch ihren Freundinnen ist es aufgefallen und sie wird immer seltener zu gemeinsamen Essen eingeladen. Sie und die Freundinnen fühlen sich mit der Situation nicht wohl. Einige Beziehungen sind dadurch schon beendet worden.

Durch EFT kamen wir an die unbewusste Erinnerung, die das Ganze verursachte - die Blockade. Ihre Mutter kritisierte sie als Kind häufig wegen ihres Verhaltens beim Essen, auch der rigide Vater hatte seinen Beitrag geleistet.

Einmal war sie wegen des Spielens mit dem Essen (»Mit dem Essen spielt man nicht!«) vom Vater vom Tisch gezerrt und in den Keller gesperrt worden. »Da kannst du über das, was du getan hast, nachdenken.« Als Kind wusste sie nicht, wie lange sie da bleiben musste und ob sie jemals wieder aus dem Keller herauskommen würde. Sie erlebte große Angst und fühlte sich zutiefst gekränkt und vor ihren Geschwistern gedemütigt.

Mit EFT gelingt es uns nach einigen Durchgängen, die Angst vor einer Kritik durch andere und mögliche Strafen wegen eines »Fehlverhaltens« aufzulösen.

Ärger, Wut, Zorn - starke Emotionen

Diesen Emotionen Ausdruck zu geben kann momentan erleichternd wirken. Früher hat man dazu in der Therapie geraten und versucht, alles noch einmal zu durchleben.
Das frustrierende Ergebnis ist, die Sache kommt wieder, es geht nicht weg. Eben weil es nicht den Punkt trifft, wo es ausgelöst wird, wo die Blockade sitzt (im Sinne der Energetischen Psychologie). Diese Reaktionen auf die Umwelt stehen meistens im Zusammenhang mit Erlebnissen, die nicht geschehen sollen oder dürfen.

Die Emotionen können Sie mit diesen Sätzen angehen:

»Auch wenn ich jetzt
- sehr ärgerlich
- sehr wütend
- rasend vor Eifersucht
- aggressiv auf... bin,
entscheide ich mich,
- den Überblick zu bewahren
- einen klaren Kopf zu bekommen
- mich nicht darin zu verlieren.«

Und dann:
»Auch wenn ich jetzt... bin, liebe und akzeptiere ich mich voll und ganz.«

Wie oft Sie EFT-Durchgänge machen, hängt vom Rückgang beispielsweise der »Wuttemperatur« ab.

Eine kreative Variante ist, nicht nach dem Stresswert zu fragen, sondern nach der Hitze der Wuttemperatur (Wie heiß ist es denn jetzt?), der Höhe des Aggressionsschwerts (Wie hoch hängt es denn über dem anderen?), der Kraft der Ärgerfaust (Wie stark könnte sie jetzt zuschlagen?) usw. Diese Variante ist auch hilfreich, wenn kein Wert 0-10 benannt werden kann.

»Auch wenn ich jetzt völlig emotional bin, entscheide ich zu warten, bis ich die Situation besser verstehe.«
»Auch wenn ich jetzt am liebsten ... erschlagen würde und zornig bin, wähle ich zu warten und keine voreiligen Entschlüsse zu fassen.«
»Auch wenn ich jetzt so aufgewühlt bin und keinen klaren Gedanken fassen kann, wähle ich, eine friedliche Lösung für uns beide zu finden.«

Oftmals reicht dieser Satz dreimal gesprochen und auf dem Karatepunkt geklopft - und dann weiter mit:
»Auch wenn ich jetzt ... bin, liebe und akzeptiere ich mich voll und ganz.«

Schwarzer, böser Mann

Vorurteile gegen andere Rassen wegen ihrer Hautfarbe oder ihrer Verhalten haben immer eine lange Vorgeschichte und viele Aspekte; sie sind ein kollektives Erbe und werden vom Kollektiv als richtig anerkannt. Damit sind sie kaum erkennbar - wie ein durchsichtiger Schleier, der uns vom anderen trennt. Unser Denken sei ja richtig, weil alle so denken.
Hier einige Vorschläge für Sätze, wenn Sie Vorurteile bei sich entdecken oder EFT für derartige Konflikte geben möchten.

»Auch wenn ich mich als besser betrachte als …, …«
»Auch wenn ich vor … erschrecke, …«
»Auch wenn ich noch meine Mutter höre, wie sie über … sagte, …«
»Auch wenn ich mich gar nicht wohl fühle bei …, …«
»Auch wenn ich mir hinterher die Hände waschen muss, wenn ich … die Hand gegeben habe, …«
»Auch wenn ich mich … unterlegen fühle, …«
»Auch wenn ich mich verspanne, wenn ich … um mich herum habe, …«
»Auch wenn ich … wegen ihrer Sprache und Gesten ablehne, …«
»Auch wenn mich immer noch die Geschichte vom schwarzen Mann einholt, …«
»Auch wenn mich der Körpergeruch von … abstößt, …«

Wie wäre es mit akzeptieren?
»Auch wenn ich bei … verunsichert bin, akzeptiere ich … voll und ganz.«

Eifersucht und Beziehungswahn

Margot ist Mitte dreißig. Sie ruft an wegen dauerhafter Störungen in ihrer Beziehung. Sie verdächtigt ihren Partner, möglicherweise Interesse an anderen Frauen zu haben. Sie registriert jedes spätere Heimkommen und Zeiten, wo ihr Partner nicht am Arbeitsplatz ist oder verdächtig lange Mittagpausen oder Einkäufe macht. Wenn sie das Thema anspricht, ist ihr Partner jedes Mal erstaunt, was sie da interpretiert und versichert ihr, dass da nichts ist von dem, was sie vermutet.

Dieses Denken ist ihr wohl vertraut: »Das ging mir mit allen Partnern so. Meistens begann es nach einigen Wochen oder Monaten des Zusammenseins. Ich kann nicht erklären, wie es dazu kommt. Es beginnt ganz leise und packt mich dann immer mehr. Die Gedanken daran kann ich nicht mehr lassen und es quält mich und später beginne ich, meine Partner damit zu quälen.«

Die Eifersuchtsgedanken und Verdächtigungen kommen wieder und wieder. Viele Diskussionen, Vorwürfe, Verteidigungen, Versicherungen. Es wird schwer für beide Partner.

Margot hat durch ihren Persönlichkeitstyp der Zwanghaften, verbunden mit dem Erlebnis einer Kränkung (eine schmerzhafte Niederlage), quasi einen Wahn entwickelt. Das ursprüngliche Erleben einer Kränkung oder Minderwertigkeit hat sich in der Gewissheit gefestigt, von allen betrogen, hintergangen, verlassen zu werden.

Beim Nachfragen über die Kindheit stellt sich heraus, dass sowohl ihr Vater, der sich in früher Kindheit von der Familie trennte, als auch die Mutter, die sich wegen ihrer Arbeitssituation nicht viel um sie kümmerte, diese ursprünglichen Kränkungen waren. Sie wurden als eine Minderwertigkeit interpretiert: *»Scheinbar war ich es ihnen nicht wert!«*

Ich beginne EFT mit der Kindheit:
»Wenn du jetzt an die Situation der Abwesenheit von Vater und Mutter denkst, wie sehr ärgert oder quält dich das?«
»Das ist eine Fünf.«
EFT wird geklopft mit drei Durchgängen, wobei der Satz dem fallenden Wert angepasst wird.
Den letzten Satz formuliert Margot um. *»Auch wenn da noch etwas Bedauern ist, liebe und akzeptiere ich mich voll und ganz.«*
Aha, hier kommt eine Umdeutung, es ist nicht mehr Qual oder Ärger. Ein gutes Zeichen, dass sich etwas mit dem Thema und seiner Intensität ändert und ein Fortschritt stattfindet.

Ab jetzt wird nur noch auf verschiedenen Punkten geklopft und nachgefragt, ob sich das Bedauern bzw. der Wert verändert.
»Auch wenn da immer noch ein klein wenig Bedauern und Traurigkeit da ist, liebe und akzeptiere ich mich voll und ganz.«
Nach einer Minute schmerzt sie die Situation nicht mehr, auch das Bedauern ist weg.

Margot fragt: *»Aber diese Wertlosigkeit, dieses Gefühl, minderwertig zu sein! Woher habe ich das nur?«*

So ergibt sich der nächste Satz ganz von selbst:
»Auch wenn ich mich minderwertig fühle und nicht weiß, woher das kommt, und ich nicht glaube, dass das weggeht, liebe und akzeptiere ich mich voll und ganz.«

Wir machen mehrere EFT-Durchgänge, bis erste Zweifel an der Wertlosigkeit auftauchen.
»Das kann doch nicht sein, denn ich bin in vieler Hinsicht gut und kompetent.«
»Gab es Momente oder Phasen, wo das Gefühl nicht da war?«
»Ja, oft.«
»Wann genau?«
»Meistens, wenn ich allein lebte und allen meinen Bedürfnissen nachging. Da fühlte ich mich ganz zufrieden und lebendig.«

»Wie sehr glaubst du jetzt, dass die jetzige Partnerschaft wieder zu dem üblichen Ende führen wird?«
»Ich hoffe nicht.«
»Wir brauchen einen Wert, also, wie sehr vermutest du, dass es auch jetzt so kommen wird?«
»Eine Fünf.«

Jetzt nehmen wir den Satz *»Obwohl ich immer noch glaube, dass es wieder so endet, liebe und akzeptiere ich mich voll und ganz«* und dann wird mit der Kurzform *»Glaube, dass es wieder so endet«* geklopft.
Nach einem vollen EFT-Durchgang wird mit der Kurzform dauernd geklopft - unter dem Auge, unter der Nase, Schlüsselbein, Unterarm.
Nach einer kurzen Weile beginnt Margot sich sichtlich zu entspannen und lächelt erleichtert. *»Jetzt ist es nicht mehr da.«*

Damit gebe ich mich noch nicht zufrieden.
»Kommen wir auf deinen Partner. Wie sehr vertraust du ihm, wenn du jetzt an die Situationen denkst, wo du bisher misstrauisch und eifersüchtig wurdest?«
»Da ist noch etwas Zweifel - eine Drei.«

»Auch wenn ich noch etwas Zweifel und Misstrauen habe, wenn (Name des Partners) unterwegs ist und länger wegbleibt als gewöhnlich, liebe und akzeptiere ich mich voll und ganz.« Dazu wird dieser zweite Satz formuliert und auf der Einstimmungszone massiert: *»Auch wenn ich noch etwas Zweifel und Misstrauen habe, wenn (Name) unterwegs ist und länger wegbleibt als gewöhnlich, liebe und akzeptiere ich (Name) voll und ganz.«*

Für das Klopfen wird die Kurzform *»Zweifel und Misstrauen«* genommen. Nach einem vollen EFT-Durchgang sind wir bei dem Wert Eineinhalb. Ich klopfe mit der Kurzform nur auf einigen Punkten und frage zwischendurch, ob es dabei bleibt: *»Wie sehr glaubst du es jetzt?«* Schließlich kommt auch zu dieser Vorstellung kein Wert mehr.

Jetzt füge ich noch das Erlauben und Verzeihen an, denn das ist ein komplexes Thema, wobei wir die zwanghafte Charakterstruktur nicht angetastet haben - das ist ein Thema für eine weitere Sitzung. Hier liegt eine hartnäckige Psychologische Umkehr vor, die ich getrennt angehen möchte, falls sich das Denken von Margot nicht nach der Sitzung entscheidend verändert hat. Das Zwanghafte hat nichts mit der Partnerschaft direkt zu tun.

Margot wiederholt diese Sätze dreimal, wobei sie sich selbst auf dem Karatepunkt klopft:
»Ich erlaube mir, frei von Misstrauen, Eifersucht und Zweifel an (Name Partner) und mir zu sein.«
»Ich verzeihe mir, dass ich an mir und (Name Partner) und allen den Partnern zuvor zweifelte.«

Für dieses Mal beenden wir die Sitzung. Sie hat währenddessen fast einen Liter Wasser getrunken. Sie ist auch mehrfach zwischen dem Klopfen aufgestanden und hat sich wieder hingesetzt, wozu ich sie ermunterte. Margot ist erschöpft und entspannt, still, gesammelt.

Zwei Wochen später telefonieren wir wegen des Themas. Die Gedanken sind nicht mehr gekommen. Die Partnerschaft ist wieder enger und harmonischer geworden. Beide haben sich viel über das Thema ausgetauscht, beide haben »viel erfahren voneinander, was vorher nicht bekannt war.«
Margot macht nun wieder vieles von dem, was sie als Single machte. »Das stärkt mich und ich richte nicht meine ganze Aufmerksamkeit auf meinen Partner. Meine Güte, was der alles für mich sein sollte. Da kann man ja nur weglaufen.«

Ich kann ihn nicht verlassen

Auch wenn die Partnerschaft zwischen Elke und ihrem Ehemann, die inzwischen 15 Jahre dauert, für Elke nicht erfüllend ist, kann sie sich nicht von ihm lösen. Sie sucht eine Lösung. *»Irgendwie will ich weg, will da raus, aber kann es nicht. Es belastet mich seit Jahren. Immer wieder will ich es sagen und etwas unternehmen, aber ich finde nicht den richtigen Zeitpunkt oder mich verlässt der Mut.«*

Ich frage, ob sie sich deswegen verurteilt oder herabsetzt. Das tut sie sehr wohl und fast täglich. Die Heftigkeit der Verurteilung und Selbstbeschuldigungen liegen bei Neun. So beginnen wir EFT mit:
»Auch wenn ich mich dafür beschuldige, nichts zu sagen oder zu unternehmen, liebe und akzeptiere ich mich voll und ganz.«
Nach drei Durchgängen ist sie bereits auf Null.

Nun zurück zum Eingangsthema.
»Was macht die Partnerschaft denn so unerfüllt?«
Es folgt eine Aufzählung von nicht erfüllten Bedürfnissen, von seiner Gleichgültigkeit, seiner Kritik an ihr vor anderen, dass er sie bloßstellt und klein macht, von grobem körperlichem Wegschieben. (Die apokalyptischen Reiter des Endes einer Beziehung sind alle eingetroffen.)

Versuche, sich wieder zu nähern, sind gescheitert. Insgeheim träumt sie davon, allein zu leben und endlich einmal wieder zur Ruhe zu kommen und alle die Dinge zu tun, die in der Partnerschaft wegen verschiedener Bedürfnisse und Werte nicht zusammenkommen. Finanziell wäre es kein Problem für sie.

Ich frage, wie hoch der Wert für Zusammenbleibenwollen und Trennenwollen ist. Beide Werte sind ausgeglichen: Sieben. Wir setzen EFT fort mit *»Auch wenn ich nicht weiß, was mich zurückhält, mich zu trennen, liebe und akzeptiere ich mich voll und ganz.«*
Die Kurzform dazu: *»Weiß nicht was mich zurückhält.«*
Ich klopfe weiter (kontinuierliches Klopfen auf einigen Punkten) mit der Kurzform.
Nach zwei Minuten frage ich noch einmal nach den Werten. Sie sind unverändert.

Es muss einen anderen Zugang geben. Ich frage nach den möglichen Folgen einer Trennung und mache EFT mit dem *Satz »Auch wenn ich nicht weiß, was die Folgen sind und was ich befürchte, liebe und akzeptiere ich mich voll und ganz.«*

Sie wird lebendiger, atmet heftiger und nach dem zweiten Durchgang kommt es: *»Ich will nicht, dass er noch einmal eine andere Frau hat. Das kann ich nicht ertragen.«*
»Wie sehr erscheint dir das jetzt unerträglich, wenn du dir vorstellst, dein Mann lebte anschließend mit einer anderen Frau?« Das gibt eine Neun.

Es ist klar, da liegt der Konflikt! Also geht es weiter mit EFT und dem Satz *»Obwohl ich es nicht ertragen kann, dass mein Mann (Name des Partners) mit einer anderen Frau ist, liebe und akzeptiere ich mich voll und ganz.«* Es braucht drei Runden, bis der Wert auf Eins ist. Das reicht ihr, meint sie, damit fühlt sie sich gut. (Ich dränge niemals mein Gegenüber, mehr zu machen oder weiter zu gehen, als es mir signalisiert wird.)

»Was fällt dir sonst noch ein, was du nicht erleben möchtest, wenn du getrennt bist?«
»Dass ich vielleicht einsam und allein dasitze, während er eine neue Beziehung beginnt.«
Wie sehr sie das jetzt aufregt, ergibt den Wert Zehn.
»Auch wenn ich befürchte, allein und einsam zu sein, liebe und akzeptiere ich mich voll und ganz.«
Es braucht drei Durchgänge. Zwischendurch bringe ich Perspektiven ein, indem ich danach frage, ob sie jemals allein *und* nicht einsam, sondern erfüllt und glücklich war. Sie war es. Und wie es war? Gut, leicht, frei. Könnte es wieder so werden? Ja, doch!
Der Wert fällt auf Sechs, dann Drei, dann Null.

Wie sehr sie sich jetzt vorstellen kann, sich zu trennen und ihr eigenes Leben allein zu führen ist die schlüssige nächste Untersuchung. Jetzt erscheint das schon viel wahrscheinlicher.
Ob sie noch Befürchtungen vor dem Alleinsein hat? Nein, im Gegenteil, Lebendigkeit kommt auf.

Die Lösung muss noch ein Verzeihen und Erlauben haben.
Dreimal auf dem Karatepunkt geklopft nehmen wir die Sätze:
»Ich erlaube mir ein schönes Leben ohne diese Partnerschaft, egal, was dann geschieht.«
»Ich verzeihe mir für mein Zögern und nicht früher die Wahrheit gesagt zu haben und liebe und akzeptiere mich dafür voll und ganz.«
»Obwohl mein Mann mich nicht mehr beachtet und nicht auf meine Bedürfnisse eingeht, verzeihe ich ihm voll und ganz.«

»Ich verzeihe uns beiden, dass wir so unaufmerksam waren und es so weit kommen ließen.«

Elke ist vier Monate danach nicht mehr wiederzuerkennen. Neue Frisur, frischer Teint, elegantere Kleidung, Stimme gefestigt und klar - allein lebend.

Beziehungs- und Partnerschaftsprobleme

Wenn man Erfahrungen mit Paartherapie oder Coaching für Paare hat, bekommt man schnell ein Gespür für die Tiefe des Grabens, der nicht mehr überwindbar ist - die Partnerschaft ist schon am Ende -, und wo noch eine Brücke begehbar ist - da ist noch Bereitschaft für die Beziehung und die andere Person.

Meistens kommt nur eine Partei oder Person zum EFT. Das ist normal und gut so.
Später kann eine Sitzung mit beiden Personen stattfinden, aber nicht, wenn eine Person dazu genötigt oder überredet wird. Bei Drohungen, Erpressungen oder Versicherungen durch einen Partner wird die Methode meistens im Vorneherein blockiert.

> Beim EFT wird das aktuelle Thema behandelt. Im Laufe der Sitzung(en) werden sicher auch versteckte Themen auftauchen.
> Möglicherweise Erlebnisse aus der Kindheit oder Traumata, die in die Partnerschaft eingeflossen sind. Oder Projektionen und Übertragungen in engen Beziehungen (Freundschaften, engen Arbeitsverhältnissen).

Zunächst geht es darum, wie immer, was jetzt da ist. Die Frage nach dem Aktuellen lautet etwa so:
»Was bedrückt dich am meisten in deiner Beziehung?«
»Was bedroht eure Beziehung am meisten?«
»Was verletzt dich am meisten?«

Das Repertoire der Themen ist in allen Beziehungen oder Partnerschaften gleich. Es geschehen selten Konflikte, die noch nie gesagt worden wären.
Die Abfolge einer Zerrüttung einer Beziehung ist häufig: Gleichgültigkeit, Lustlosigkeit, Kritik am anderen, Kritik vor anderen, Bloßstellung, physischer oder psychischer Schmerz.

Fragen Sie nach jedem möglichen Aspekt von

- Verletzung
- Zurückweisung
- Verweigerung
- Kritik vom Partner
- Gleichgültigkeit des Partners
- Schuldzuweisungen vom Partner
- Schuldgedanken über sich selbst
- negativen Gefühle gegenüber dem Partner
- negativen Gedanken über den Partner
- negativem Verhalten gegenüber dem Partner
- negativen Gefühlen seitens des Partners
- negativem Verhalten seitens des Partners
- Untreue
- sexuellen Problemen
- Langeweile oder Überdruss
- Erwartungen
- Streitereien und Diskussionen

Dann kommt das aktuelle, eigentliche Thema.
»Auch wenn ich (Name) liebe und nicht mag, dass (Name und Handlung) macht, liebe und akzeptiere ich mich voll und ganz.«

»Auch wenn (Name) mich verletzt hat, was ich nicht möchte, liebe und akzeptiere ich mich voll und ganz.«
»Auch wenn ich es nicht ertrage, dass… (Name, Handlung) macht, liebe und akzeptiere ich mich voll und ganz.«
»Auch wenn (Name) mich wie…behandelt, liebe und akzeptiere ich mich voll und ganz.«

Und danach, wenn es möglich ist, gleich das Verzeihen klopfen.

Probieren Sie es mal mit Übertreibungen. Vielleicht bricht das Große an der Geschichte zusammen und der Partner ist gar nicht so böse oder gefährlich:
»Auch wenn (Name) der schlimmste Partner ist, liebe und akzeptiere ich mich voll und ganz.«
»Auch wenn (Name) mich am meisten gedemütigt hat, liebe und akzeptiere ich mich voll und ganz.«
Und danach, wenn es möglich ist, gleich das Verzeihen klopfen.

Bei Verletzungen oder Enttäuschungen in Beziehungen, insbesondere Partnerschaften, können sich Reaktionsmuster gebildet haben. Ein Reaktionsmuster kann so sein: Die Handlung eines Partners wird als der Gedanke »Verrat« bezeichnet, dem das Gefühl »Ohnmacht« folgt, welches sich als »Magenschmerzen« oder »Herzschmerz« im Körper manifestiert.

Damit nicht genug, fühlen wir uns möglicherweise »dumm«, »ausgeliefert«, »schwach« usw. Damit immer noch nicht genug, entsteht Ärger oder Wut über die Person oder Handlung.

Das Unterbewusste versucht die Gefahr, Niederlage, Schmach, scheinbare Vernichtung abzuwenden und erzeugt Ärger, Wut, Zorn. Der Partner tat es in den meisten Fällen für sich, aber nicht um seinen Partner zu vernichten oder zu verletzen. Das Unterbewusste entscheidet, dass diese Situation nicht SICHER ist.

Wir fragen hier zunächst:
»Hat es dein Partner so gemeint?«
»Hast du jetzt deinen besten Freund, Partner, Kollegen verloren und einen Feind bekommen?«

Die nächste Frage ist:
»Wie hast du schon reagiert?«

Was tun wir, wenn unsere Reaktion keinen interessiert? Wir ändern sie oder suchen uns ein anderes Publikum.

Mit EFT können wir beginnen, die Körpererscheinungen zu klopfen.
Wir machen EFT lediglich mit der Kurzform:
»Dieses Gefühl von Leere.«
»Diese Tränen.«
»Mein Magenkrampf.«
»Mein eingeschnürtes Herz.«
»Dieses Gefühl von Schwäche.«

Nun können wir uns möglichen Beschuldigungen zuwenden:
»Auch wenn ich mich
- dumm…
- ausgeliefert…

- schwach ...
- ausgenutzt ...
- betrogen ...
- erniedrigt ...
fühle, liebe und akzeptiere ich mich voll und ganz.«

»Auch wenn ich mich für meine Reaktionen schäme, ...«
»Auch wenn ich es als Schande betrachte, ...«

Aussichtslosigkeiten wollen auch behandelt sein.

»Auch wenn das zu viel für mich ist, ...«
»Auch wenn ich das nicht verkraften kann, ...«
»Auch wenn das die letzte Gelegenheit war, ...«
»Auch wenn es wieder passiert ist, ...«
»Auch wenn er/sie mir versprochen hat, ..., ...«
»Auch wenn meine Welt zusammenbricht, ...«
»Auch wenn das unverzeihlich ist, ...«

Besonders bei Beziehungskonflikten in der Partnerschaft kann es zur Blockade einer Lösung kommen, wenn Sie nur eine Seite eines Themas im EFT berücksichtigen. Hier empfiehlt es sich - wie bei den Konflikten, die Sie bereits gelesen haben - beide Aspekte in einem Satz zu verbinden.

»Ich hasse es und kann es nicht lassen.«
»Auch wenn es am Ende nur Scherben gibt, gebe ich die Hoffnung nicht auf.«
»Ich liebe sie, aber dafür hasse ich sie.«
»Ich will weg von ihm und kann es nicht.«
»Ich liebe ihn und er erwidert es nicht.«

»Ich bin verletzt und kann doch nicht weggehen.«
»Ich habe versagt und will doch weitermachen.«
»Ich kann es nicht mehr ertragen und doch will ich nicht weg.«

Mein Mann hat eine Affäre

Die 48-jährige Conny kann nur unter vielen Tränen von der Affäre ihres Mannes (sie sind nicht verheiratet, aber sie spricht von »mein Mann«) berichten. Sie leidet seit Wochen unter dem Schmerz, unter der Eifersucht. Sie schläft schlecht, hat keinen Appetit, nimmt zu sehr ab, Phasen von Wut und Agonie wechseln sich ab. Sie will alles tun, um ihn zu halten oder ganz zurückzubekommen. *»Ich werde alle Waffen einer Frau einsetzen!«*
Aha, wir sind im Kriegszustand.

Erst einmal will ich wissen, wie sehr sie darunter leidet, möchte einen Wert. Aber das klappt nicht. Es sind so viele verschiedenen Emotionen da, die sich abwechseln, die einmal sehr stark sind, dann ganz verschwinden. Wir finden keinen Zugang zu einer Wertung 0 - 10.

Ich probiere den Weg über körperliche Sensationen, über Submodalitäten, über Vergleiche.
»Was genau spürst du, wenn du das Problem hast, wenn dich die Eifersucht packt? Spürst du etwas in deinem Körper?«
»Es ist wie eine glühende Kugel in meinem Bauch, in meiner Brust, die sich ausdehnt.«
»Und wie stark schätzt du das jetzt ein?«
»Es ist jetzt so stark wie, wie hmm - eine Sechs. Aber gestern war es Zehn.«
Wir beginnen einen Durchgang EFT mit:
»Auch wenn ich diese glühende Kugel im Bauch und in der Brust spüre, liebe und akzeptiere ich mich voll und ganz.«
Nach der Einstimmung nehmen wir die Kurzform *»Glühende Kugel, Bauch, Brust«*.

Der Wert wird geringer - eine Drei. Noch ein Durchgang und es ist keine glühende Kugel und auch kein Ausdehnen von irgendetwas von ihr wahrnehmbar.

»Jetzt schnürt sich meine Kehle zusammen.«
Weiter geht es mit *»Auch wenn sich jetzt meine Kehle zusammenschnürt* (und sie ergänzt von sich aus) *und ich kaum Luft bekomme, liebe und akzeptiere ich mich voll und ganz.«*
Nach einem Durchgang, es war schon während des Klopfens zu beobachten, atmet Conny frei, lehnt sich zurück. Ihr Körper zeigt mir die Entspannung. *»Es ist nicht mehr da!«*

»Was ist denn stattdessen da?«
»Nichts.«
»Wie, nichts?«
»Ich kann gar nicht mehr an das Problem denken, da ist keines.«
Sie lacht und meint, dass sie so etwas noch nie erlebt hat und erwartet hätte.

Wir fügen das Erlauben hinzu und klopfen auf dem Karatepunkt dreimal den Satz wiederholend *»Ich erlaube mir, frei von Eifersucht und Bedenken zu sein«*.
Es fühlt sich so gut an, sie ist tatsächlich ruhig und gelassen und sogar etwas heiter.

»Und wenn es morgen wiederkommt?«, spricht sie und das nehme ich sofort auf (wie ich alles sofort nehme und damit EFT mache, auch wenn es auf den ersten Blick nichts mit dem Thema zu tun hat).

»Wie sehr befürchtest du das?«
»Fünf.«
Wir machen eine Sequenz EFT mit *»Auch wenn ich befürchte, dass die Emotionen morgen wieder da sind, liebe und akzeptiere ich mich voll und ganz.«*
Auch diese Befürchtung stellte sich nicht mehr ein - der Wert war Null.

Conny hat sich seitdem nicht mehr gemeldet. Auch auf mein Angebot, mir eine Mail zu schicken, wenn wieder etwas von den alten Themen auftaucht, das sie begeistert angenommen hat, kam nichts. Ich bin sicher, das Thema Affäre ist zwar nicht beendet, aber die damit verbunden Emotionen und Verwirrungen sind ausgetauscht gegen eine klarerer Sichtweise der Situation.

Wenn Klienten die Methode kennen und wir einmal eine Sitzung hatten, biete ich an, dass wir Symptome, Probleme, Themen - was immer auftaucht - via Mail oder Telefon angehen können. Der Klient klopft sich selbst, das macht ihn autonom. Das klappt!

Geburt und Frustration

Bernd erzählt beim Fragen nach dem Befinden der Familie seit der Geburt seiner Tochter Folgendes: Sein Leben hat sich sehr verändert, er auch, meint er. Bernd schämt sich seiner Gefühle gegenüber dem Kind, aber viel mehr ist er frustriert durch die Distanziertheit seiner Frau. Was vorher ein glückliches Zwei-Verdiener-Paar war, ist jetzt ein Ein-Verdiener-Haushalt, eine kindfixierte, oft erschöpfte Mutter und eben das Kind, das ihr Zusammenleben bestimmt.

»Ich habe mich schon dabei ertappt, dass ich das Kind verwünsche, weil es alle Aufmerksamkeit erhält. ICH existiere gar nicht mehr. Abends, wenn ich nach Hause komme, gibt es erst Baby-Geschichten. Susanne ist nur noch erschöpft, also von wegen noch Kuscheln, keine Chance. Neulich fragte ich mich, was überwiegt - die Freude an dem Kind oder die Verwünschungen, die mir immer öfter kommen.« »Hast du mit Susanne schon darüber gesprochen?« »Nein, bisher habe ich es für mich behalten und abgewartet.«
Nach einem geschätzten Wert von Sieben für das Verwünschen beginnen wir mit dem Satz: *»Auch wenn ich die Kleine manchmal verwünsche, weil sie mich von Susanne trennt, liebe und akzeptiere ich mich voll und ganz.«* Nach dem ersten Durchgang mit der Kurzform *»die Kleine verwünsche«* ist der Wert bereits auf Null.

Bernd befürchtet, die Partnerschaft könnte immer so bleiben und er bekomme seine Kuschel-Bedürfnisse nicht mehr erfüllt. Wie sehr, kann er nicht schätzen.

Aber auf die Frage, wo sich das spüren lässt, weist er auf den Magen. »Seit dem ist er verkrampft. Appetit habe ich auch nicht mehr so richtig.« Damit kann etwas getan werden.

»Auch wenn ich befürchte, unsere Ehe wird so bleiben und ich Magenkrämpfe und keinen Appetit habe, liebe und akzeptiere ich mich voll und ganz.« Kurzform: *»Angst, Magenkrämpfe, Appetit.«*
Nach drei Durchgängen entspannt sich der Magen. »Jetzt spüre ich ihn gar nicht mehr.« Das waren gerade einmal 10 Minuten bis jetzt. Bernd hätte sich auch mit Medikamenten helfen können, aber das hier ist eine gründlichere Lösung.

Wir machen weiter mit dem zweiten Satz: *»Auch wenn ich die Kleine dafür verantwortlich mache, dass Susanne nicht mehr ganz für mich da ist, liebe und akzeptiere ich die Kleine voll und ganz.«* Wir klopfen mit der Kurzform *»Kleine ist verantwortlich«.*
Danach meint Bernd gleich: »Das stimmt doch gar nicht. Ich befürchtete, ich komme einfach zu kurz.«
»Und die Scham?« »Die gibt es jetzt auch nicht mehr!«
»Willst du noch mehr klären?« Bernd will nicht mehr, er hat etwas eingesehen und will jetzt mit seiner Frau darüber reden, wenn am Abend etwas auftauchen sollte.

Runden wir es ab.
»Ich verzeihe mir meine Befürchtungen und Urteile über mein Kind.«, »Ich erlaube mir, zukünftig alles sofort anzusprechen, was mich belastet.« Sie wissen es ja schon: Dreimal klopfen auf dem Karatepunkt!

Christine kann nicht vergessen

Christine (69) hat seit Monaten Depressionen, immer seltener bringt sie die Kraft auf, das Haus zu verlassen. Sie trauert um ihren Mann, der vor 3 Jahren gestorben ist, und ihren Sohn, den sie vor einem halben Jahr durch einen Unfall verlor.

Ich frage sie, ob sie denn noch Erinnerungsstücke in der Wohnung habe. Sie hat, jede Menge Fotos, sogar der Spazierstock ihres Mannes steht noch im Schirmständer. Ich frage sie, ob sie sich vorstellen kann, die Sachen zu entfernen bis auf 1 Bild. Sie ist etwas erschrocken. Wie sehr erschreckt es sie? Eine Acht.
»Auch wenn es mich erschreckt, daran zu denken, die Sachen von meinem Mann und meinem Sohn wegzuräumen, liebe und akzeptiere ich mich voll und ganz.«
Nach vier Durchgängen kann sie es sich vorstellen, es löst keinen Stress in ihr aus.

Zwei Wochen später treffe ich Christine wieder. Sie fühlt sich leichter und lebendiger an.
»Ist da noch diese Traurigkeit?«
»Ja, daran hat sich nichts geändert.«
»Wie sehr berührt dich das jetzt?«
»Das ist eine Neun.«
Wir machen zwei Durchgänge EFT, der Wert geht schnell zurück und beim Beginn des dritten Durchgangs platzt sie heraus: *»Ich fühle mich von allen verlassen. Sie haben mich einfach mit all dem allein gelassen.«*
»Und was fühlst du jetzt genau, wenn du daran denkst, Christine?«

»Ich bin so wütend, so ärgerlich - und jetzt fühle ich mich schuldig dafür. Das hätte ich nicht sagen dürfen.«

Es ist klar, was jetzt zu tun ist. Mit allen emotionalen Regungen wie Ärger und Schuld wird EFT gemacht. Nach einigen Durchgängen und 30 Minuten atmet Christine durch. *»Es ist, wie wenn sich eine dunkle Wolke aufgelöst hat.«*

Na, dann wollen wir es abschließen:
»Ich verzeihe meinem Mann und meinem Sohn, dass sie mich zurückgelassen haben.«
»Ich erlaube mir, ab jetzt ohne Traurigkeit und Bitterkeit zu leben.«

Was EFT als Erleichterung bei Hinterlassenen und Sterbenden, wie in onkologischen Abteilungen von Klinken, bringen kann, können Sie vielleicht erahnen. Was nun an Sätzen folgt, können Sie in gleicher oder geänderter Form für jede Trennung, für jeden Abschied nehmen. Auch für den Abschied von einem geliebten Tier.

Hier einige Beispielsätze für die Situation, dass ein Partner schwer erkrankt oder sterben wird:
»Auch wenn ich entsetzt bin, meinen Partner zu verlieren, ...«
»Auch wenn ich mich so schwach fühle und nicht helfen kann, ...«
»Auch wenn meine Schwäche meinem Partner überhaupt nicht nützt, ...«
»Auch wenn ich mir nicht vorstellen kann, nach X Jahren des Zusammenseins allein zu leben, ...«

»Auch wenn ich es ungerecht finde, dass… jetzt von mir geht,…«
»Auch wenn ich verzweifelt bin, weil ich nicht weiß, was dann kommt,…«
»Auch wenn ich glaube, nie mehr einem anderen Menschen nah sein zu können,…«
»Auch wenn ich glaube, ohne… nicht leben zu können,…«
»Auch wenn ich nicht loslassen kann, weil ich nicht weiß, was ich danach fühlen werde,…«
»Auch wenn ich noch so viel zu… zu sagen hätte,…«
»Auch wenn ich nicht immer ehrlich zu… war und jetzt keine Gelegenheit dazu sein wird,…«

»Auch wenn ich weiß, dass ich sehr bald sterben werde,…«
»Auch wenn ich mit dem Schicksal hadere, weil ausgerechnet ich jetzt…,…«
»Auch wenn ich nicht weiß, was danach kommt, bin ich bereit.«
»Ich bin bereit für das Ende der Geschichte, egal, was geschieht.«

Sexualität

Sexualität zählt zu den Grundbedürfnissen des Menschen, die durch den Instinkt gesteuert werden. Diese sind bei Mann und Frau als Folge jahrtausendealter Strukturen verschieden.
Die Funktion des Sexualaktes scheint vor allem zu sein, ein ökonomisches Energieniveau im Organismus aufrechtzuerhalten, meinte Wilhelm Reich. Damit wäre das Thema doch einfach.

Meistens kommen Menschen ohne Partner mit ihren Themen rund um Sexualität. Als ersten Schritt werden Sie meistens die Scheu und Scham, über das Thema zu reden, auflösen.
»Auch wenn ich mich schäme, darüber zu sprechen, ...«
»Auch wenn ich dabei verlegen werde, ...«
»Auch wenn es mir so peinlich ist, ...«
»Auch wenn ich dabei nicht angesehen werden möchte, ...«
»Auch wenn ich es wie einen Verrat an meinem Partner empfinde, ...«

Hans kommt wegen einer delikaten Sache. Nach anfänglichem Reden über die Methode EFT und langsamem Warmwerden mit mir berichtet er von seinen sexuellen Problemen, die darin liegen, dass es bei ihm zu schnell zum Orgasmus kommt.
Seine Freundin ist frustriert. Sie haben schon alles ausprobiert. Bereits beim Gedanken an einen möglichen Sex am Abend, wenn beide gemeinsam ins Bett gehen, empfindet er Anspannung und Angst vor einem neuerlichen »Versagen«.

Das Thema ist mit EFT einfach anzugehen, mit Sätzen wie *»Auch wenn ich Angst vor einem vorzeitigen Höhepunkt habe, ...«* oder *»Auch wenn ich schon mit Anspannung ins Bett mit meiner Freundin gehe, ...«*.

Viele Fälle von wesentlichem Rückgang der negativen Vorstellungen und Ängste haben dazu geführt, dass der Sex dann spielerischer und für die Klienten »erfolgreicher« war. Wie bei Hans, der den nächsten Abend ohne Anspannung und Angst erlebt und mir später berichtet, dass beide Partner das Thema humorvoller und leichter angehen und dadurch ihr Sex für beide erfüllender ist.

In den meisten Fällen haben aktuelle Probleme oder Blockaden einen frühkindlichen Hintergrund, der bestenfalls durch EFT aufgespürt und aufgelöst wird. Bei Hans ist es das Verstecken der Sexualität in der Familie.

Bedenken wir auch die schützende Funktion des Verleugnens und Unterdrückens.
Dieses Thema ist zuerst zu lösen, auch wenn »über es zu reden« nicht leicht fällt:
»Auch wenn ich meine pädophilen Ideen lieber vergessen möchte, ...«
»Auch wenn es mich würgt, darüber zu sprechen, ...«
»Auch wenn ich Sex am liebsten vergessen und nie mehr daran denken möchte, ...«
»Auch wenn ich es lieber verleugnen möchte, es mich aber immer wieder beschäftigt, ...«
»Auch wenn das Unterdrücken jetzt leichter erscheint als es anzusprechen / anzugehen, ...«

Wenn »es« nicht angesprochen werden kann oder darf, hilft eine Trauma-Methode, die Sie später durch das Buch kennen lernen.

Hinter den aktuellen Störungen der Sexualität können Themen versteckt sein, die abgefragt werden sollen. Diese haben starke Einflüsse oder sind die eigentlichen Verursacher der Störungen, wobei sich nach der Lösung das ursprüngliche Thema als unwesentlich oder gelöst darstellt. Hintergründige Themen können sein:

- Geringer Selbstwert
- Negatives, abwertendes Selbstbild
- Disharmonie und Spannungen in der Beziehung
- Langeweile in der Beziehung
- Entfremdung in der Beziehung
- Kommunikationsblockaden
- allgemeiner Stress
- Nachgeburtliches Sexualdesinteresse

Sollten diese Themen bekannt werden, wie in einem ersten Gespräch, sind sie zuerst mit EFT zu klopfen.

Zum Thema vorzudringen heißt, sich mit allen negativen Erinnerungen um das Thema Sex zu beschäftigen. Alles, was sich im Laufe des Lebens gesammelt hat und immer noch als unangenehm, peinlich, ekelnd, schamhaft, schmerzhaft, ängstigend, traumatisch erinnert wird, sollte aufgelöst werden.
Diese Erinnerungen müssen nicht, können aber das momentane Thema berühren oder die eigentliche Ursache sein.

Wichtige Themen bezüglich Sexualität sollen behandelt werden:

- Negative oder missbilligende Urteile über den eigenen Körper oder die Regungen bzw. Funktionen des Körpers.
- Verbote und Verdienstblockaden - wie einen Orgasmus nicht verdient zu haben, einen Orgasmus nicht haben zu dürfen.
- Ängste vor Versagen, vor Unfähigkeit oder abwertendes Selbstbild.
- Spezielle sexuelle Praktiken, Fetischismus etc. - können begehrt und gleichzeitig verurteilt werden.
- Nachklingende Emotionen früherer sexueller Erlebnisse, die oftmals völlig anders stattfanden, als sie erinnert werden, können auf den jetzigen Partner übertragen werden.

Wir finden die passenden Sätze und klopfen:
»Obwohl ich immer noch die Person hasse, die mich damals…, …«
»Obwohl ich mich dafür verurteile, dass ich nicht…, …«
»Obwohl ich befürchte, dass ich nicht…, …«
»Auch wenn ich es nicht verdiene, dass ich…, …«
»Auch wenn ich wütend bin, weil ich mein Verlagen nicht unter Kontrolle habe, …«

Warum viele Menschen EFT nicht für dieses Thema anwenden, liegt in den Überzeugungen um Scham und Moral.
Diese können sogar das Ansprechen des Themas mit einem geliebten Partnern blockieren.

Wenn die Kommunikation aber wiederhergestellt ist und die Partnerschaft ein gesundes Fundament hat, kann EFT helfen, die Sexualität der Partner zu befreien.

Ein Beispielfall

»Hallo Petra, du hast mir bisher von deiner Abneigung gegen Sex erzählt und wie sehr das von deinem Mann gewünscht wird. Offensichtlich wird sein Verlangen immer mehr, je weniger du es möchtest. Wie sehr möchtest du Sex mit deinem Mann vermeiden, wenn du jetzt daran denkst?«

»Puh, das ist jetzt eine Neun. Mich bedrückt es gar nicht, wenn wir es nie mehr machen.«

Wir machen mit jedem der Sätze einen Durchgang EFT:
»Auch wenn es mir nichts ausmacht, niemals mehr mit meinem Mann Sex zu machen, liebe und akzeptiere ich mich voll und ganz.«
»Auch wenn ich es nur machen würde, weil er das braucht und dadurch glücklich ist, liebe und akzeptiere ich mich voll und ganz.«
»Auch wenn sich in mir nichts regt, wenn ich an Sex denke, liebe und akzeptiere ich mich voll und ganz.«

Nach drei Durchgängen EFT mit diesen Sätzen, ohne nach einer Wertung zu fragen, komme ich zur ersten Frage zurück:
»Wie sehr möchtest du Sex mit deinem Mann vermeiden, wenn du jetzt daran denkst?«
»Ach, interessant, eine Vier.«

Jetzt wollen wir testen, ob wir durch ein Erlauben etwas verändern können.

»Auch wenn ich mich nicht danach fühle, bitte ich die Energie in den Unterleib fließen zu lassen.«
»Auch wenn ich mich nicht danach fühle, bitte ich meine Haut empfänglich für Berührung zu werden.«
»Auch wenn ich mich nicht danach fühle, bitte ich meine Fingerspitzen bereit für zärtliches Streicheln zu sein.«
»Auch wenn ich mich nicht danach fühle, bitte ich meine Vagina warm, weich und feucht zu sein.«

Petra spürt ein Prickeln im Körper, das sie lange nicht mehr empfunden hat. Petra ist 62 Jahre.

Übergeordnete Themen

In diesem Kapitel möchte ich Ihnen noch
Sichtweisen und Varianten darstellen,
um mit EFT spezielle Themen
gründlicher und sicherer zu lösen.

Die drei wesentlichen Begrenzungen traditioneller Therapien

Die meisten Therapien oder Methoden können hilfreich sein in vielen Bereichen der Erleichterung oder Verbesserung der Lebens- oder Leidenssituationen. Und doch ist eine Befreiung von Stress, emotionalem Stress und Schmerz oftmals nur vorübergehend oder beschränkt. Unglücklicherweise lässt das im Menschen die Tür offen, das gesamte Problem wieder zu kreieren, das durch lange und ausführliche Beratung, Therapie und Untersuchungen behandelt wurde.

Ein erster Nachteil der traditionellen Psychotherapie ist, dass die meisten Methoden lange Zeit beanspruchen oder niemals wirklich bedeutsame, stabile Resultate erzielen. Die Methoden sind kostspielig, zeitaufwändig und mit emotionalem Schmerz verbunden.
Daher geben viele Menschen während des Prozesses bald auf. Es ist auch für den fürsorglichen Therapeuten ein Rückschlag oder eine Enttäuschung. Am enttäuschendsten ist es für den Klienten, der Hilfe suchte, aber zu früh aufgegeben hat.

Die zweite Begrenzung ist, dass viele Methoden oftmals nicht das ganze Problem emotionaler Konflikte, zweifelnder oder grübelnder Gedanken, Zwangshandlungen oder schädigender Verhaltensweisen auflösen können. Es ist schon eine harte Arbeit, alle emotionalen Wurzeln zu entfernen, wenn es überhaupt gelingt. Oftmals, nach Tagen, Wochen, Monaten, kehren die Symptome zurück.

Das löst dann im Menschen noch mehr Stress, Anspannung, Hoffnungslosigkeit, Hilflosigkeit oder Entmutigung aus.

Doch die dritte und wesentlich ernsthaftere Begrenzung ist, dass Menschen innere, unbewusste Blockaden haben - Begrenzungen wieweit ihr Fortschritt, ihr Erfolg, ihr Wachstum, ihre Heilung hin zu psychologischer Freiheit gehen darf oder sie akzeptieren können.

Diese Widerstände sind a) schwierig herauszufinden, b) noch schwieriger zu eliminieren mit den traditionellen therapeutischen Interventionen.

Die persönlichen Begrenzungen (Widerstände, Blockaden, unbewusste Begrenzungen) sind sehr individuell und spezifisch. Sie arbeiten typischerweise unter der Bewusstseinsgrenze. Man wünscht sich Glück, handelt aber dagegen und wundert sich, wie es dazu kam. Sie arbeiten lautlos und automatisch, ohne dass sie aus dem Alltagsbewusstsein heraus erkannt oder abgestellt werden können.

Die unbewussten Skripts oder Anweisungen für das Leben werden gewöhnlich in früher Kindheit bis höchsten im Alter von 22 Jahren gelernt. Die unbewussten Richtlinien und Überzeugungen steuern und kontrollieren unsere Wahrnehmung, Gedanken, Wahl, Entscheidung, Gefühle und Handlungen. Auch Selbstidentität, Selbstwert und mögliche Erfahrungen oder Erfolge in den Bereichen Geist, Gesundheit, Gefühle, Beziehungen, Sozialverhalten, Beruf, Finanzen werden von dort gesteuert. Alles, was wir dürfen und nicht dürfen, erwarten und nicht erwarten können…

Kurz gefasst: Das Unterbewusste steuert unser Leben so, dass wir exakt das erleben, was für uns erlebt werden soll. Dazu nutzt es alle Gelegenheiten und Möglichkeiten.

Daher ist die Begrenzung traditioneller Interventionen oder Therapien dort gegeben, wenn Emotionen verbunden mit Überzeugungen oder Glaubenssätzen die Ursache eines Problems sind und nicht vollständig eliminiert werden. Die Symptome werden auf irgendeiner Ebene weiter wirksam bleiben und währenddessen den Menschen mehr und mehr schwächen.

So bieten Methoden wie EFT eine durchgängige Lösung, da sowohl die Widerstände als auch die aktuellen Symptome und Emotionen aufgelöst werden können.

Die Psychologische Umkehr (PU): Selbstsabotageprogramme

Nach den Erfahrungen nicht nur von Roger Callahan und Gary Craig, die tausenden Menschen mit EFT helfen konnten, sondern auch hunderttausender EFT-Anwendern, liegt bei mindestens 50 Prozent der Fälle einer Psychologische Umkehr vor.

Eine Psychologische Umkehr ist ein Einwand gegen das Auflösen oder Aufgeben eines Problems oder einer Heilung. Es ist eine Form von nichtgreifbarer Selbstsabotage und beinhaltet beschränkende Überzeugungen oder Gedanken / Überlegungen einer Person, welche sie von einer Veränderung abhalten. Häufig liegt auch eine Art Selbsthass vor.

Glücklicherweise kann diese überwunden werden durch die von Roger Callahan gefundene Sequenz des Klopfens des Karatepunktes oder Massierens der Einstimmungszone und Wiederholens des Einstimmungssatzes *»Auch wenn ..., liebe und akzeptiere ich mich voll und ganz.«*

Durch die positive Gestaltung des Satzes *»Ich liebe und akzeptiere mich ...«* bzw. *»Ich bin völlig in Ordnung, auch wenn ...«* übernehmen wir außerdem Verantwortung für die Störung. Wir sind es, die uns stören oder behindern - nicht andere, nicht Umstände, nicht das Klima, nicht Gott etc.
Wir akzeptieren unseren Beitrag durch das Klarstellen und Benennen.

Wir können uns nicht verändern oder etwas korrigieren, solange wir uns nicht dazu bekennen und es benennen!

Ein Mensch könnte beispielsweise bewusst oder unbewusst denken: »Weil ich dieses Thema, diesen Konflikt, diese Neigung habe, bin ich ein schlechter Mensch und deswegen nicht akzeptabel und bin es wert, abgelehnt zu werden.«

Der Einstimmungssatz tritt der Ablehnung entgegen. Er bekennt sich zu dem Thema *»obwohl ich dieses Problem habe...«* und begegnet der PU mit *»...liebe und akzeptiere ich mich voll und ganz«.*

Auch viele immer wiederkehrende unerwünschte Situationen, Leistungsblockaden, Erfolgsblockaden (»Immer wieder mache ich...«, »Immer gerate ich in die gleiche Situation.«) haben als Wurzel eine Psychologische Umkehr.

Wie funktioniert denn nun diese Psychologische Umkehr? Man nehme eine Taschenlampe und lege die Batterien falsch hinein, Pluspol auf Pluspol.

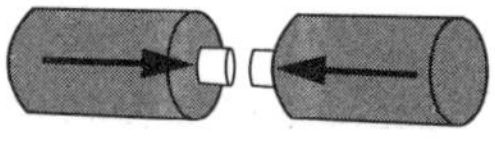

Ergebnis: kein Licht, da keine Energie fließen kann.

Bei der Psychologischen Umkehr ist es so, als ob Ihre Batterien falsch eingelegt sind und einige Bereiche nicht funktionieren. Der Energiefluss ist augenblicklich gestört.

Von Psychologischer Umkehr spricht man, wenn die intellektuell positiv bewerteten Ziele unbewusst abgelehnt, ja sogar blockiert werden. Dies kann Ausdruck eines tief sitzenden Selbstblockade- oder gar Selbstzerstörungsprogramms sein. Negative Wünsche, Skeptizismus, Verwünschungen, Verfluchungen spielen oft eine große Rolle.

Auch Einflüsse aus dem Informationsfeld der Herkunftsfamilie bestimmen die Gefühle, das Denken und Verhalten. Sie wirken wie ein »Bann« und sind Veränderungs- oder Heilungsblockaden. Sie können jegliche therapeutische Maßnahme unmöglich machen.

Erst wenn diese *Umkehr* aufgehoben ist, so, wie es bei den Batterien in einem Elektrogerät der Fall ist, wird die *Blockade* aufgelöst sein.

Das Unterbewusste bringt Gedanken und Verhaltensweisen hervor, die das Gegenteil dessen sind, was wir normalerweise als unsere Ansicht, unsere Denkweise und unser Verhalten bezeichnen würden.
Das ist der Grund, warum einige Menschen nicht abnehmen können, süchtig bleiben, Angst- und Panikzustände nicht loswerden, ständig Schmerzen haben oder auch Gewohnheiten nicht ablegen können usw.

Viele Menschen haben zahlreiche Blockaden und Einschränkungen zu den unterschiedlichsten Themen in sich gespeichert, die dann auch noch mit viel emotionaler Intensität verbunden sind. Denken Sie nur einmal daran, wie schwer es Ihnen fällt, abzunehmen, sich mehr zu bewegen, das Rauchen aufzugeben oder andere unangenehme Aufgaben zu bewältigen oder mit dem ungeliebten Computer zu arbeiten.

Bei solchen Themen fallen einem meist eine ganze Menge unangenehmer Gefühle ein, die man ganz sicher nicht haben will. Deshalb vermeidet man solche unangenehmen Situationen, solange es eben geht. Aber manchmal geht es eben nicht mehr und man muss sich der Situation stellen. Die Psychologen bezeichnen dies als das Verlassen der Komfortzone. Manchmal sogar, eben wenn die unangenehmen Gefühle so stark sind, dass man glaubt, es nicht mehr aushalten zu können, vermeidet man weiterhin das, was man eigentlich tun sollte, aber nicht kann.

Offensichtlich ist das Unterbewusste stärker als der Verstand. Das ist darauf zurückzuführen, dass der größte Teil unserer Persönlichkeit aus dem Unterbewusstsein besteht, so ca. 90-95 %. Wissenschaftler haben dazu geforscht und herausgefunden, dass das Unterbewusstsein die Entscheidung schon getroffen hat, *bevor* der Verstand sich entschieden hat, eine Handlung ausführen zu lassen. Wir tun also nur das, was unser Unterbewusstsein bereits beschlossen hat, in dem Glauben, es wäre die Entscheidung unseres bewussten Verstandes.

Ist die Energie durch eine Erfahrung, eine Überzeugung, einen Glaubenssatz, ein Trauma gestört, finden wir eine Energieblockade vor. Mit EFT lässt sich nun diese Blockade auflösen und durch eine Auflösung des

Symptoms oder eine Veränderung der Gewohnheiten oder Ängste etc. der Erfolg feststellen.

Eine Psychologische Umkehr hindert uns auch daran, Lösungen zu erkennen, selbst wenn wir das Wissen dazu haben. Sie verhindert auch, dass wir Lösungen umsetzen, auch wenn wir die Fähigkeiten dazu besitzen. *»Abnehmen ist gesund - klar, aber ich kann einfach meine Ernährung nicht umstellen, ich schaffe es nicht!«*

Die Psychologische Umkehr ist, einfach gesagt, der Grund für selbstzerstörerisches Verhalten. Das negative Denken oder die Selbstsabotage verursacht keine körperlichen Empfindungen, die wir wahrnehmen können, und bleibt so unerkannt.
Wird sie erkannt, werden sich die meisten Menschen sofort weigern, etwas dagegen zu unternehmen, weil das Unterbewusste allen Widerstand aufbietet. Glaubenssätze und Überzeugungen sind stärker als jeder Wille.

Glaubenssatz: Ich bin nicht gut genug.
Folge: Ich bin in einer schwierigen Beziehung, in der ich ausgenutzt werde.
Folge: Ich bin unglücklich und verzweifelt.
Folge: Ich habe oft Kopfschmerzen und Nierenprobleme.

Auf die Frage *»Wollen Sie glücklich sein?«* lautet die Antwort normalerweise *»Ja«*. Bei der Psychologischen Umkehr kommt jedoch beispielsweise die Antwort: *»Ich weiß nicht, ob ich jemals glücklich sein werde.«*

Glaubenssatz: Ich verdiene es nicht, glücklich zu sein (vielleicht ein Bündnis mit unglücklichem Elternteil). Ich schäme mich für eine Handlung und daher bin ich es nicht wert, glücklich zu werden.

> Man kann sich gegen die Psychologische Umkehr wehren und sich über sie hinwegsetzen, doch das kostet eben Kraft und ist langfristig keine zufrieden stellende Lösung. Die Psychologische Umkehr lässt sich durch das Behandeln zweier Punkte automatisch korrigieren. Einfach!

Das Raffinierte an der Psychologischen Umkehr ist, dass sie beispielsweise im Fall einer Angstvermeidung zu einer dauerhaften Blockade führt. Es besteht keine Motivation, sie zu beseitigen oder aufzulösen. Daher kann sie bestehen bleiben, wenn sie nicht wiederholt behandelt wird. Im Fall einer hartnäckigen, massiven Psychologischen Umkehr ist diese häufig zu wiederholen und der Satz immer wieder neu zu formulieren.

Die häufigsten Arten der Psychologischen Umkehr oder Selbstsabotage

Massive Umkehr

Sie beeinträchtigen die Hauptaspekte des Lebens in besonders den Bereichen, in denen alles dauernd nicht klappt oder schief läuft oder versagt wird - so scheint es. Diese Menschen machen den Eindruck, sie wollten unglücklich sein. Auch wenn die Menschen glauben, sie wollten glücklich oder erfolgreich sein, provozieren sie durch ihr Verhalten das Gegenteil. Sie lehnen gute Gelegenheiten ab oder verpassen sie oder kommen zu spät. Sie können die Gunst der Stunde nicht erkennen und konzentrieren sich lieber auf den vielleicht einzigen negativen Aspekt der Situation (Ort, Uhrzeit, Umstände, Wetter, Mitmenschen passen nicht). Im schlimmsten Fall suchen sie sich aktiv die negativen Situationen aus - ständige unglückliche Beziehungen, ungünstige Konstellationen, chronische Depressionen, wiederkehrende Schulden, Entlassungen, Suchtprobleme.

Genereller Satz dazu:
»Auch wenn ich Probleme und Grenzen/Mängel/Widerstände habe, liebe und akzeptiere ich mich voll und ganz.«
Dreimal sagend auf Karatepunkt klopfen oder auf Einstimmungszone massieren.

Tief sitzende Psychologische Umkehr

Diese Menschen wollen etwas verändern, glauben jedoch, dass ihr Problem zu groß ist, zu übermächtig ist oder zu sehr Teil ihres Lebens (Karma, Schicksal, Unbedingtheit, Los) ist, als dass es gelöst werden kann. Sie halten auf einer unbewussten Ebene daran fest »dass es keinen Ausweg gibt«. Gepaart mit mangelndem Selbstvertrauen und der Unmöglichkeit, das Leben ohne dieses Problem zu Visualisieren, besteht das Problem fort.

Genereller Satz dazu:
»Auch wenn ich keinen Ausweg sehe, liebe und akzeptiere ich

mich voll und ganz, auch wenn ich gleichzeitig weiß, dass es viele Menschen gibt, die so etwas nie erleben.«
Dreimal sagend auf Karatepunkt klopfen oder auf Einstimmungszone massieren.

Spezifische Umkehr

Sie kommen am häufigsten vor und sind meistens mit einer Situation gekoppelt: Höhenangst, Flugangst, Spinnenphobie. Im Kontext dieses Buchthemas: Sozialphobie, Beziehungsphobie, Eifersuchtswahn. Hier muss nur diese Situation bearbeitet werden - keine anderen Hintergründe erforschen. Zuerst muss aber die Frage positiv beantwortet werden, ob der Mensch jetzt bereit ist, das Problem aufzulösen. Schließlich kann der Mensch jetzt blockiert sein, nicht loslassen können.

Genereller Satz dazu:
»Auch wenn ich nicht daran glaube, dass das aufhören kann und ich Angst vor Liebesbeziehungen habe, liebe und akzeptiere ich mich voll und ganz.«
Dreimal sagend Karatepunkt klopfen oder auf Einstimmungszone massieren.

Verdienst- und Erlaubnisumkehr

Hier stehen Glaubensmuster oder spezifische Probleme im Vordergrund. Es geht hier darum, ob der Mensch glaubt, dass er es verdient, sein Problem zu lösen, ob er sich das erlaubt. Wenn jemand unter einer schweren

Schuld leidet, will er vielleicht davon wegkommen, aber im Unterbewusstsein steht: Du hast es verdient, dich schuldig zu fühlen und darunter zu leiden. Hier muss erst das Thema geklopft werden, was jemand verdient zu haben glaubt. Erst dann kann die Schuld behandelt werden.

Generelle Sätze dazu:

Erlauben

»Ich erlaube meinem Herz, ohne Schmerzen zu sein.«
»Ich erlaube mir, auch ohne eine intime Beziehung glücklich zu sein.«
»Ich erlaube mir, ohne Angst vor dem Alleinsein zu sein.«
»Ich erlaube mir, ohne Beschränkungen zu sein.«

Verdienen

»Auch wenn es mir nicht zusteht, frei von Angst vor... zu sein, liebe und akzeptiere ich mich voll und ganz.«
»Auch wenn ich es nicht verdient habe, frei von meinem Verlangen nach Anerkennung durch... zu sein, liebe und akzeptiere ich mich voll und ganz.«

Dreimal sagend auf Karatepunkt klopfen oder auf Einstimmungszone massieren.

Wiederkehrende Umkehr

Nach beträchtlichen Fortschritten erscheint wieder das ursprüngliche Stressniveau, die emotionale Belastung, die körperliche Störung. Hier ist es nicht zum Stillstand

gekommen - wichtig zu erkennen, denn die Behandlung ist effektiv, also kein Versagen Ihrerseits. Hier braucht es Geduld, wieder von vorne zu beginnen und die Umkehr neu oder anders zu formulieren. Jegliche Möglichkeit einer Umkehr bedenken und auflösen.
Diese PU gilt besonders bei Sucht. Mit der Praxis kommt schnelleres Erkennen, welche Umkehr jetzt blockiert, sabotiert.

Genereller Satz dazu:
Muss immer wieder neu gefunden, verändert werden.

Miniumkehr

Prozess bleibt bei Wert 1-3 stecken.
Hier mit Klopfen der Gamutzone den Lösungssatz oder den Widerstand benutzen. *»Auch wenn ich es immer noch nicht ganz loslassen/aufgeben kann,...«, »Auch wenn da noch etwas Widerstand ist, das Problem loszulassen,...«*

> Sie haben eine Möglichkeit einer Abkürzung, wenn eine PU unauflösbar erscheint oder ein Prozess langsam läuft:
> Klopfen Sie nach der Basissequenz Jochbein - Schlüsselbein - Unter Arm und zurück. Sie können das mehrfach wiederholen und zwischendurch nach der Einschätzung fragen.

Keine Affirmationen, kein positives Denken

Eine Frage von neuen EFT-Anwendern, die versuchen, diese Methode mit irgendetwas Bekanntem zu vergleichen, taucht immer wieder auf: Sind die Einstimmungssätze so etwas wie Affirmationen? Nein, EFT befreit durch die Sätze *»Auch wenn …, liebe und akzeptiere ich mich voll und ganz«* vom Stress der Sache und löst die energetische Blockade auf. Mit dem zweiten Teil des Satzes wird dem Unterbewusstsein signalisiert, dass der erste Teil des Satzes nicht gilt.

Affirmationen sind bekannt geworden durch das positive Denken, eine suggestive (Selbst-) Programmierung. Bekannt ist vor allem der Satz des Franzosen E. Coue *»Von Tag zu Tag geht es mir besser und besser!«*.
Aber probieren Sie es einmal: *»Von Tag zu Tag werde ich schöner, schlanker, größer …«*

> Die EFT-Sätze sind kein positives Denken. Das an sich ist nicht schlecht, stößt jedoch recht schnell an seine Grenzen, wenn dem ein unterbewusster Satz entgegenwirkt, der die Auflösung verhindert.

»Ich werde nie mehr einen Vorschlag machen.«
Das war die lösungsverhindernde PU einer erfolglosen Klientin, die durch einen Vorschlag einen Verkehrsunfall verursachte, als sie ein junges Mädchen war.

Positive Affirmationen, die vom Unterbewusstsein nicht anerkannt werden, sind eine Lüge, die Stress erzeugt.

Positive Affirmation: Ich bin glücklich.
Unterbewusstsein: Das Leben ist eine Qual.
Resultat: Das Leben bleibt eine Qual.

Das ständige »Ich bin glücklich«-Denken kann ganz schön anstrengend werden.

Selbsterfüllende Prophezeiung

Die selbsterfüllende Prophezeiung ist der Name für ein Phänomen, dass Ereignisse nur deshalb in vorausgesagter Weise geschehen, weil eine entsprechende Prognose gestellt wurde oder weil eine Erwartung hinsichtlich des Ereignisses gehegt wurde.

Die selbsterfüllende Prophezeiung, die bei EFT behandelt wird, sind die hinderlichen, sabotierenden, hemmenden Überzeugungen und Glaubenssätze, die einen freien, leichten, entspannten Zustand verhindern. Die »guten« Überzeugungen wird wohl keiner loswerden wollen.

Deshalb ist es interessant und wichtig, sich dem Ort zuzuwenden, an dem diese »Betriebsanleitungen« für Ihr Leben abgelegt sind, die einen EFT-Prozess blockieren und Sie Ihr Leben nicht so erleben lassen, wie Sie es sich wünschen - dem Unterbewusstsein.

Trauma-Lösungen

Etwa ein Drittel aller Menschen gerät irgendwann im Leben in ein Trauma: eine Situation, in der man sich vom Tode bedroht fühlt, nicht davor fliehen und nicht dagegen ankämpfen kann, etwas erleben zu müssen, das »einfach zu viel« ist.

Da reicht schon das Einsperren des kleinen Kindes in einen dunklen Raum. Das Kind hat noch kein Zeitgefühl und weiß nicht, wann und ob jemals jemand wieder die Tür öffnet.

Schläge, auch psychische Schläge, Zurückweisung, Messerstiche oder Vertreibung aus der Heimat - Traumata. Langzeittraumatisierungen beginnen meist in der Kindheit und beinhalten körperliche, emotionale und sexuelle Gewalt.

Was machen Gehirn und Psyche in einer solchen Situation? Einfach gesagt: Sie gehen in einen kurzfristigen Schockzustand (Freeze genannt) und splittern das Unerträgliche des Geschehens und die dadurch ausgelösten inneren Reaktionen auf - dies nennt man Dissoziation.

> Viele Menschen schaffen es, das Geschehen gut zu verarbeiten. Doch etwa 20 bis 30 Prozent der traumatisierten Menschen behalten Langzeitfolgen zurück: Ihr Körper reagiert immer wie im akuten Schock; Albträume und Schlafstörungen, Kopfschmerzen und Schreckhaftigkeit, Rückzugstendenzen und Beziehungsprobleme können die Folge sein.

Kinder erleben später durch ihre Langzeittraumata Schwierigkeiten im Umgang mit den eigenen Gefühlen und Impulsen, Unsicherheit bezüglich der eigenen Identität oder sogar Identitätsspaltungen und Persönlichkeitsstörungen.

DIE UNGESAGTE GESCHICHTE (CONTENTFREIES EFT)

Manche Erlebnisse sind zu heikel, als dass sie erzählt werden können. Scham oder Schuld mögen vorwiegen und ein Erzählen verhindern, Beteiligte in dem Konflikt könnten Ihnen bekannt sein. Ereignisse, wie aktive und passive Gewalt (besonders bei Gewalt in der Ehe, die von Frauen - noch - nicht artikuliert werden kann), aktive oder passive sexuelle Nötigung und Missbrauch, Suizidversuche, kriminelle Taten oder Vorhaben, psychiatrische Vorgeschichten, für die sich Menschen immer noch schämen.

Die Situation ist: Sie, als EFT-Geber, sollen nichts davon erfahren und möchten trotzdem eine Befreiung herbeiführen.

Nach dem Verständnis der Methode EFT ist das nicht möglich, denn das Thema soll ja möglichst genau beschrieben sein. Dennoch kann mit folgender Alternative ein Problem EFT-mäßig gelöst werden.

Der Prozess geschieht, ohne in die damaligen Emotionen oder Stresssituation noch einmal zu gehen, ohne

Tränen, ohne Weinen, ohne Leiden, und kann doch zu einem hohen Maß von emotionaler Erleichterung und psychologischer Freiheit führen.

Da die traumatischen Ereignisse oder Erinnerungen eine Folgeerscheinung als Symptom haben, werden sich Menschen zunächst wegen eines störenden oder belastenden Symptoms für EFT interessieren.

Nehmen wir als Beispiel Katrin, die seit vielen Jahren unter Depressionen leidet. Sie erzählt, dass sie als Zwölfjährige sexuell genötigt wurde von einem männlichen Familienmitglied, sodass sie die traditionellen Familientreffen meidet und ihre Mutter deswegen verletzt sei. Mehr könne sie darüber nicht sagen. Sie hätte es auch nie erwähnt, wenn es jetzt nicht so weit wäre, dass sie die Depressionen endlich loswerden wollte.

Wir machen zunächst die Switching-Übung (siehe Seite 177) und das verringert bereits die Nervosität oder Anspannung.

> Ich beginne dann ständig zu klopfen auf verschiedensten Punkten und frage dabei nach dem *Ereignis*, das nicht erzählt werden darf oder kann. Mein Klient nickt nur oder gibt ein Handzeichen, wenn die Antwort da ist. Nur ich spreche bei diesem Teil der Übung.

»Es geht um das Ereignis, die Sache - wie willst du es bezeichnen?«
»Wann geschah es?«

»Wann genau an dem Tag?«
»Was geschah zuvor?«
»Was geschah dann?«
»Wenn die Situation wieder präsent ist - wo war es?«
»War noch jemand dabei?«
»War sonst noch jemand dabei?«

Jetzt muss man kreativ und sensibel die nächsten Sätze formulieren - vielleicht erinnert sich mein Gegenüber an Details - und macht ganze EFT-Durchgänge:

»Auch wenn ich es erlebt habe, liebe und akzeptiere ich mich voll und ganz.«
»Auch wenn ich dabei etwas getan habe, was ich bereue, liebe und akzeptiere ich mich voll und ganz.«
»Auch wenn das falsch war, was geschah, liebe und akzeptiere ich mich voll und ganz.«
»Auch wenn ich dabei mitgemacht habe, liebe und akzeptiere ich mich voll und ganz.«
»Auch wenn ich mich nicht dagegen wehren konnte, liebe und akzeptiere ich mich voll und ganz.«

Danach weiter klopfend auf den verschiedensten Punkten mit solchen Fragen:

»Wenn etwas die Erinnerung wachruft, was ist es?
Ist es ein Ton, eine Melodie, ein Musikstück, ein Duft, ein Bild, eine Bewegung, ein Körpergefühl?«

Die Antwort kann den nächsten EFT-Satz bilden:
»Auch wenn mich ... an die Sache *erinnert, liebe und akzeptiere ich mich voll und ganz.«*

Aus weiteren Aspekten ergeben sich weitere Sätze und die Antworten werden wortlos als Zeichen gegeben:.

»Wer ist verantwortlich für die Sache?«
»Bist auch du verantwortlich für die Sache?«
»Wer hat es so lange versteckt?«
»Was waren die Folgen bis jetzt?«
»War das Verstecken oder Schweigen gut für dein Wohlbefinden?«

Im Beispiel von Katrin löste sich die Belastung vollständig auf, als sie sich bewusst wurde, dass sie sich für die Situation verantwortlich gemacht hatte, sich schuldig fühlte und es außerdem »bis zu einem gewissen Maß« auch aufregend fand.

Danach war von Depression keine Spur, die Blockade aufgelöst. Ein gutes Beispiel einer emotionalen Entkoppelung einer Erinnerung. Jetzt kann Katrin sich an die Sache erinnern, erlebt aber keine Blockade mehr.

Lösung ohne Tränen und Schmerz

> Bei Trauma-Methoden gibt es einen generalisierend reinigenden Effekt, bei dem andere Themen auch aufgelöst werden können.

So kann »Mein Mann hat mich geschlagen« viele Gelegenheiten gewesen sein, aber die »Behandlung« von einem Ereignis mit dieser Methode kann die anderen und ähnliche (!) Gelegenheiten neutralisieren.

Bei »Lösung ohne Tränen und Schmerz«, um ein sehr schmerzliches Erlebnis wie ein Trauma aufzulösen, hat es schon viele und vor allem schmerzlose, schnelle Erfolge gegeben. Ich stelle diese Methode jetzt als EFT-Beratung vor.

Der Klient wird aufgefordert, sich auf ein Trauma zu konzentrieren, das mindestens 3 Jahre zurückliegt, um die Möglichkeit zu reduzieren, dass aktuelle Geschichten damit in Verbindung gebracht werden.

Als Beispiel:
»Meine Beziehung zu meinem Vater ist gestört, seit er mich im Alter von zwölf Jahren schlug.«, »Ich wurde von meinem Mann allein gelassen, als ich ihn am meisten brauchte.«, »Mein Freund verbrachte die Nacht mit einer anderen Frau.«, »Mein Onkel fummelte an mir herum, während meine Eltern im Garten grillten.«

Es ist wichtig, den Klienten beim »Thema« zu halten, weil manche Menschen plötzlich rationalisieren oder sich selbst die Schuld geben oder bagatellisieren.

Der Klient wird gefragt, wie hoch **vermutet** wird, dass die emotionale Belastung auf der Skala von 0 - 10 ist, wenn an das Geschehen gedacht wird.
Aber der Klient soll es sich nicht detailliert vorstellen, visualisieren, spüren - also nicht die Augen schließen und das Ganze durchspielen.

Das **Vermuten** trennt die Geschichte zu einem hohen Maß vom emotionalen Schmerz!

Jetzt soll der Klient für sich eine Satz-Kurzformel finden wie »Diese Vater-verläßt-mich-Emotion« und es wird mit einem EFT-Durchgang begonnen.

Nach dem ersten EFT-Durchgang soll sich der Klient durch den Raum bewegen, ein Glas Wasser trinken, einen neuen Wert vermuten.

»Und wie sehr vermutest du jetzt, dass dich »diese Vater-verläßt-mich-Sache« stresst / schmerzt / traurig macht?« Typischerweise werden es niedrigere Werte.

Nun folgen noch weitere Durchgänge, bis der Wert aller auftretenden Emotionen wesentlich niedriger ist, bis Drei oder Null.
Sobald der Klient auf diesem Wert angekommen ist, folgt noch ein EFT-Durchgang mit Vermuten.

Danach, erst jetzt, soll sich der Klient die Situation lebhaft vorstellen.
»Und wenn du dir die Situation von damals jetzt anschaulich lebhaft vorstellst, wie es für dich war - wie sehr schmerzt, belastet, stresst, quält dich das jetzt?«

Üblicherweise wird der Klient wenig oder gar nichts spüren. Wenn doch, dann müssen weitere Durchgänge erfolgen.

Umfassender Widerstand – ich will gar nicht hier sein

Bei einem durchgängigen Widerstand, hier zu sein, hier zu leben, fühlt sich der Mensch grundsätzlich nicht sicher und geborgen auf der Welt, im Leben. Es ist das falsche Land, der falsche Planet, die falsche Hautfarbe, der falsche Körper, die Geburt an sich war ein Fehler.

Es kann als ein unterbewusstes, sabotierendes Programm alles Erleben, alles Verhalten, alle Bemühungen beeinflussen. Manche Menschen wollen gar nicht hier sein oder leben. Sie sind im Konflikt, der dauerhaft blockiert.

»Auch wenn ich lieber nie geboren wäre, ...«
»Auch wenn ich mich hier überhaupt nicht wohl fühle, ...«
»Auch wenn ich lieber in einem anderen Körper geboren worden wäre, ...«
»Auch wenn ich mich auf der Erde wie auf dem falschen Planeten fühle, ...«
»Auch wenn ich meine, im falschen Land geboren zu sein, ...«
»Auch wenn ich meine, die falsche Hautfarbe zu haben, ...«

Die entsprechenden Sätze sind vom Klienten mit der Hilfe des Beraters zu finden und in möglichst genauen Formulierungen zu klopfen. Nach einem Stresswert zu fragen oder zu fahnden kann aussichtslos sein, denn Glaubenssätze lassen sich nicht fühlen.

Nach allem Traumatischen, jetzt in eine bessere Zukunft.

Wahlmöglichkeit: Bekommen, was man wünscht

Manchmal können mit einer Kombination von Sätzen (hier *Wahlmöglichkeit* genannt) tiefer gehende und stabilere Veränderungen erreicht werden als nur mit der Behandlung des Problems. Ausgehend davon, dass ein Mensch sein Leben durch seine subjektive, individuelle Wahrnehmung erlebt, sich selbst ein Scheinbild seiner Möglichkeiten und Fähigkeiten gemacht hat, kann selbst das gewissenhafteste EFT nicht zum Maximum seiner Möglichkeiten kommen.

Beispielhafte Wahlsätze:

»Auch wenn ich nicht weiß, wo das Geld für das neue Auto herkommen sollte, wähle ich ein neues Auto zu bekommen.«

»Auch wenn ich mir nicht vorstellen kann..., wähle ich...«

»Auch wenn es unwahrscheinlich ist, das ich das jemals erhalte/wert bin/loswerde, wähle ich...«

»Auch wenn ich momentan nicht genügend Geld habe, danke ich dem Universum/Leben/der Existenz/Gott..., mich mit genügend/mehr/ausreichend Geld zu beschenken.«

»Ich wähle schmerzfrei zu sein.«

»Ich wähle, ohne Angst bereit für die nächste Partnerschaft zu sein, wann immer sie geschieht.«

»Ich wähle ohne Schwierigkeiten die Pubertät meiner Tochter mitzuerleben.«

»Ich wähle, meinem Partner den Freiraum zu geben, den er braucht.«

Diese Wahlsätze können Sie auch nach jeder Problemlösung klopfen, in dem Sie oder Ihr Gegenüber ohne Wertung einen EFT-Durchgang mit Kurzform machen.

Wenn es Zweifel und Bedenken gibt, woher diese wundersame Veränderung kommen könnte, machen Sie die folgende Variante. Hier verbinden wir ein blockierendes Thema mit dem Gegenteil, also der Lösung oder dem Wunsch.

Abfolge für Wahlmöglichkeit:

1. Wertung abfragen.

2. Starten mit dem normalen EFT-Satz und ganzem Durchgang: »Auch wenn. ... Obwohl ....«
(*»Auch wenn ich mich fürchte, vor Menschen zu sprechen, liebe und akzeptiere ich mich voll und ganz.«*)

3. Danach *Wahlmöglichkeit* formulieren. Dabei genau das Gegenteil formulieren. »Ich wähle...«
(*»Ich wähle, völlig angstfrei zu sein, wenn ich vor Menschen spreche.«*) Bei *Wahlmöglichkeit* keine Stresseinschätzung und ganzer EFT-Durchgang.

4. Negative Aussage und Wahlmöglichkeit kombinieren. »Obwohl..., wähle ich...«
(*»Obwohl ich mich davor fürchte, vor Menschen zu sprechen, wähle ich, völlig angstfrei zu sein, wenn ich vor Menschen spreche.«)* Diese Kombination wird dreimal ausgesprochen und dabei die Einstimmungszone massiert oder der Karatepunkt geklopft.

5. Ein EFT-Durchgang mit der negativen Kurzform - nur Klopfen.
   (*»Angst vor Menschen zu sprechen.«)*

6. Ein EFT-Durchgang mit positiver Kurzform (*Wahlmöglichkeit)* - nur Klopfen.
   (»Angstfrei sprechen vor Menschen.«)

7. Ein EFT-Durchgang abwechselnd mit negativer Kurzform (Auge Innen) und *Wahlmöglichkeit* (Auge Außen) usw. bis zum Karatepunkt klopfen, wobei die Wahlmöglichkeit die letzte Aussage beim letzten Klopfpunkt sein soll.

Einschätzung neu abfragen. Wenn noch nicht auf Null, Schritte 5-7 wiederholen.

Das ultimative Verfahren

Die immer wiederkehrenden Probleme und Blockaden, die sich aus Gewohnheiten und Psychologischer Umkehr einstellen, können Sie mit diesem Einstimmungssatz behandeln. Machen Sie so oft wie möglich EFT damit:

»Ich werde mir keine Probleme oder Konflikte mehr in Beziehungen/Partnerschaften bereiten, egal, was geschieht, und liebe und akzeptiere mich voll und ganz.«

Die Kurzform lautet: *»Keine Probleme und Konflikte.«*

Bei Widerständen, Zweifel oder Skepsis wird eine Kurzform für das Klopfen des Karatepunktes genommen. Probieren Sie es aus!
»Auch wenn ich daran zweifle, dass auch mir das möglich ist.«
»Obwohl ich nicht weiß, wie das geschehen soll.«
»Auch wenn ich das bei mir noch nie erlebt habe.«

> Wenn ein Thema oder Symptom wiederholt auftaucht, machen Sie damit noch einmal oder mehrfach EFT. Oder klopfen Sie nur den Zeigefinger-Punkt, falls Sie unterwegs oder beschäftigt sind und kein vollständiges EFT machen können. Das geht fast überall.
> Beständigkeit führt zu Befreiung.

Innerer Friede

Machen Sie eine Liste der Sie am meisten störenden oder belastenden Situationen, an die Sie sich erinnern können.

- Geben Sie jeder Situation einen Begriff wie einen Filmtitel. »Mutter ließ mich allein.«, »Bruder schlug mich.«, »Freundin verließ mich.«, »Freund telefoniert mit unbekannter Frau.« Dann nehmen Sie die Situationen / Filme, die Sie am meisten ansprechen, weil sie den höchsten emotional geladenen Inhalt haben.

- Machen Sie EFT mit ihnen, bis Sie darüber lachen oder nicht mehr weiter daran denken können.

- Wenn Sie keine Skalierung von Null bis Zehn für eine Situation finden können, stellen Sie sich vor, Sie würden das Thema wegschieben oder unterdrücken, und nehmen Sie den Wert Zehn. Behandeln Sie auch alle anderen Aspekte, die mit dem Thema auftauchen.

- Machen Sie jeden Tag für einige Zeit (Monate) EFT für jegliches Thema, das Sie sich notiert haben.

Bemerken Sie dann, wie Sie sich körperlich und emotional leichter, freier, besser fühlen. Entdecken Sie, wie Beziehungen, Freundschaften, Partnerschaften ehrlicher, humorvoller, harmonischer werden. Beobachten Sie, wie Themen, die Sie sehr stressten, aufbrausend oder ärgerlich machten, dies nicht mehr bewirken können.

Noch einige Tipps

Switching = Vorübung und/oder Maßnahme bei einer durchgängigen energetischen Störung

Ich habe einige Fälle erlebt, wo durch die anschließend beschriebene Übung das Thema erheblich schwacher in seinem Wert wurde. Auch für Nervosität, Stress oder Ängstlichkeit vor dem Behandeln eines Themas wirkt die Übung sehr gut.

Manchmal greift EFT nicht, um Blockaden und Konflikte aufzulösen, oder funktioniert nur sehr langsam. Das kann an einem Switching liegen.
Manche Menschen erleben Switching, das bei der EFT-Behandlung in der Regel unmittelbar im Zusammenhang mit bestimmten Themen oder Problemen auftritt, also akut, wenn beispielsweise ein Konflikt angesprochen oder behandelt wird.

Switching kann auch durch Stress, Kontakt mit allergenen, toxischen Substanzen, fehlerhafte Bewegung (Laufen in schlecht sitzenden Schuhen, hochhackige Absätze, Schuhe ohne Fußbett), elektromagnetische Überbelastung oder sportliche Aktivitäten ausgelöst werden.
Beim Switching treten manchmal ungeschickte Bewegungen, gestörte Bewegungskoordination, räumliche Desorientierung oder Wortverwechslungen auf und, was im Zusammenhang mit der Methode wichtig ist, zeigt EFT einen geringen oder keinen Fortschritt.

Die einfachste Möglichkeit, Switching auszuschalten, ist diese zweiminütige Übung, die sich auch als Auftaktübung einer EFT-Behandlung eignet:

- Setzen Sie sich auf einen bequemen Stuhl.
- Legen Sie die Beine in Höhe der Knöchel übereinander, das linke Bein über das rechte.
- Strecken Sie die Arme nach vorne aus, die Handflächen berühren sich.
- Drehen Sie die Handflächen nach außen, die Daumen zeigen nach unten.
- Legen Sie die rechte Hand über die linke Hand und verschränken Sie die Finger beider Hände miteinander.
- Beugen Sie die Arme zum Körper hin, sodass die gefalteten Hände auf der Brust liegen.
- Legen Sie die Zunge hinter die Zähne an den Gaumen und atmen Sie mit dem Gedanken »Gleichgewicht« oder »Balance« durch die Nase ein.
- Atmen Sie durch den Mund aus, wobei die Zunge wieder unten ruht.
- Schließen Sie die Augen und atmen Sie 8-mal ein und aus und ruhen Sie in dieser Position 1 Minute.

Ich mache diese Übung mit dem Klienten und in Kursen vor jedem EFT. Sie können sie jederzeit und überall machen, wenn Sie sich nervös, angespannt, gestresst oder nicht ausbalanciert fühlen.

Das Problem wurde nicht getroffen, es ist nicht klar, worum es geht

Wenn sich Zustände nicht ändern, liegt es daran, dass die eigentliche Ursache noch wirksam ist. Sie zu finden ist manchmal eine Kunst und erfordert Erfahrung oder Intuition. Glücklicherweise können einige allgemeine Sätze oder Fragen dabei helfen, die Ursache zu finden.

Beispielsweise in dem Sie fortwährend auf verschiedenen Punkten klopfen (werden Sie kreativ in der Wahl der Punkte - wie Schlüsselbein rechts und Schlüsselbein links, die Punkte auf den Fingern, wieder zurück zum Schlüsselbein usw.):

»Obwohl ein Teil von mir den Zugang zur Sache blockiert, weiß ein anderer Teil von mir die Sache ganz genau und auch die Lösung. Ich bin bereit, dem wissenden Teil den Vorzug zu geben, und liebe und akzeptiere mich dafür voll und ganz.«
Das ist ein Einstimmungssatz, für den Sie diese Kurzform klopfen: *»Bin bereit für zu wissen.«*

»Auch wenn ein Teil von mir das Thema lieber verstecken und nicht kennen will, gibt es einen anderen Teil von mir, der es benennen und auflösen will, und ich entscheide mich für diesen Teil und liebe und akzeptiere mich voll und ganz.«
Die Kurzform dazu: *»Entscheide mich für Benennen.«*

»Woran erinnert dich diese Sache?«, »Woran erinnert es dich noch?«
Das führt oftmals zu wichtigeren Themen, in denen das Problem begründet ist.

Ungenaue Beschreibungen oder Wert kann nicht benannt werden

Diffuse, ungenaue Beschreibungen sind bei emotionalen Themen zu hinterfragen. »Komisches Gefühl« oder »Fühle mich unwohl« sind keine treffenden Beschreibungen.
Fragen Sie »Was *genau* fühlst du, wenn…«.

Sie können sich und dem anderen helfen, wenn es Schwierigkeiten beim Benennen gibt.

Wenn du dir jetzt die Szene vorstellst

- ist sie farbig (sehr akut, sehr starke Wirkung, hoher Wert) oder ist sie schwarzweiß bis grau (nicht stark, geringer Wert)?

- kannst du die Dialoge mit dem Menschen oder den Menschen laut (stark) oder nur leise bis sehr leise hören (geringer Wert)?

- kannst du das Problem nahe bei dir auf dem Tisch platzieren - nehmen Sie einen Gegenstand für das Thema und stellen Sie ihn einmal nah und einmal weiter auf - oder wie weit weg (je weiter weg, desto geringerer Wert)?

Nutzen Sie Metaphern, die Sprache des Unbewussten.

Fragen Sie nach Vergleichen, wie es sich anfühlt, wie es aussieht, was für ein Bild es sein kann. Fragen Sie nach Details, wie es genau ist. Die Resultate könnten so lauten:

»Es fühlt sich an, wie wenn ich in einem dunklen Wasser nach unten gezogen werde.«
»Mein Leben ist wie eine ausgetrocknete, leere Wüste.«
»Die Kopfschmerzen sind wie ein Hammer, der unentwegt gegen meinen Kopf schlägt.«
»Eine kalte, große Hand umklammert mein Herz.«
»Meine Liebe für sie war wie eine große Brandungswelle.«
»Ich stehe wie vor einer riesigen Betonwand.«

Nach einem oder mehreren Durchgängen können Sie nachfragen, ob das Thema leichter, heller, kleiner geworden ist. Danach kann weiter EFT gemacht werden mit der gezielten Ansprache des Problems.

EFT klappt nicht

Stagnieren des Problems

Kurzwiederholung

Mehrere Kurzwiederholungen mit Klopfen Auge Innen, Auge Außen, Jochbein, Schlüsselbein, Unter Arm und zurück bis Auge Außen.

Augenübung

Während die Gamutzone geklopft wird, wird der Kopf gerade gehalten und die Augen beginnen langsam (!) vom Boden bis zur Decke zu schauen. Währenddessen wird die Kurzform des Einstimmungssatzes ständig wiederholt.

EFT klappt gar nicht

Wenn gar nichts geht, dann liegt das nicht an Ihnen oder der Methode, sondern an vielleicht bisher nicht beachteten Dingen. EFT wird meistens blockiert durch

- Dehydrierung (Ich stelle immer genügend Wasser bereit und frage, wie viel Wasser heute bis jetzt getrunken wurde. Manchmal braucht es nur genügend Wasser, und große Probleme werden klein.)
- Allergien (Erst einmal mit EFT behandeln.)
- Metalle am Körper (Uhr, Schmuck)
- Metalle im Körper (künstliche Gelenke, Nägel, Schrauben, Platten)
- Handy am Körper (weit weg legen, ausschalten)

Manchmal kommt es vor, dass Klopfen bei sich nicht zu einer Änderung führt, wohl aber, wenn eine andere Person EFT macht.

Es mag daran liegen, dass die gleiche Energie, die das Problem erzeugte, sich nicht für die Auflösung eignet oder es wieder aktualisiert. Daher ist es hilfreich, andere Menschen zu kennen oder in der Familie zu haben, die EFT auch kennen und können.

Geben Sie nicht gleich auf, wenn es nicht zu einer spontanen Erleichterung führt. Insbesondere alte Gewohnheiten und umfassende Themen brauchen eine Weile des wiederholten Anwendens. Etwa mehrfach täglich und über einige Tage. Dauerhaftigkeit führt immer zum Erfolg.

Sie können sich auch fragen:
»Was brauche ich vorher (zu tun, zu haben, zu erfahren, zu verstehen, zu wissen, zu vergessen, zu ändern, vorzusorgen), damit sich das Problem auflöst?«

Toxische Substanzen – störendes Umfeld – EFT-hemmende Einflüsse

Eine Allergie des Energiesystems, wie Dr. Callahan es nennt, kann blockierend auf mögliche EFT-Maßnahmen wirken.
Der Begriff »Energietoxine« wurde dafür erfunden. Diese Energietoxine können das Energiesystem ständig irritieren.

Um das zu überprüfen, können Sie EFT an einem anderen Ort durchführen: Gehen Sie aus Ihrem Haus, Ihrem Büro usw. irgendwohin, wo Sie sich wohl und ungestört fühlen. Vielleicht machen Sie dort schnellere Fortschritte beim Auflösen von Blockaden.

Eine weitere Empfehlung ist, sich gründlich zu duschen und von allen synthetischen Duft- und Pflegemitteln zu reinigen. Probieren Sie dann EFT unbekleidet aus. Stellt sich jetzt ein Fortschritt ein, dann liegt die Energieblockade an Ihren Wasch- und Pflegemitteln.

Im Umkreis von Orten kann sich eine Energie halten, und dies umso ausgeprägter, je intensiver dort ein Erlebnis stattgefunden hat. Diese »haftenden« Energien können bei dafür empfänglichen Menschen eine Resonanz hervorrufen. EFT kann diese Resonanz möglicherweise aufheben.

»Auch wenn ich mich in meinem Haus ängstlicher fühle als außerhalb, ...«

»Auch wenn mich dieser Platz an das Geschehen immer wieder erinnert, ...«

Wie immer: Probieren Sie alles aus.

Anhang

Haben Sie die Überzeugung oder Befürchtung,
eine harmonische Beziehung würde
langweilig?

Wünsche sind ein Schritt dahin,
Frieden zu erfahren.

Wenn Friede sich einstellt, gibt es da
einen Vorbehalt, ihn dauerhaft zu erleben?

Der EFT-Prozess auf einen Blick

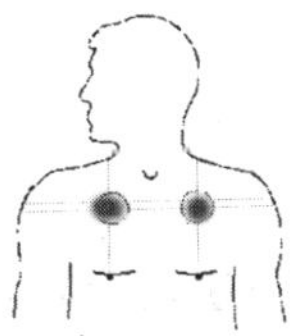

❶ Thema / Problem genau beschreiben

❷ Einschätzung 0 - 10

❸ Einstimmungszone massieren, dazu 3-mal Einstimmungssatz: »Auch wenn ..., liebe ich mich voll und ganz.«

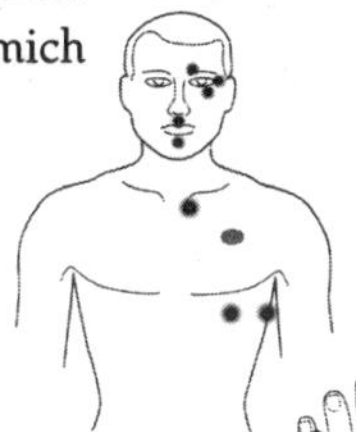

❹ Klopfen der Punkte 1 bis 13 mit Wiederholung des Themas in Kurzform

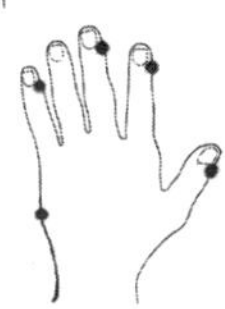

❺ Gamutsequenz mit ständigem Klopfen der Gamutzone, ohne Kurzform zu wiederholen

- Augen schließen
- Augen öffnen und nach links unten und rechts unten auf den Boden sehen
- Augen rollen im Uhrzeigersinn / entgegen dem Uhrzeigersinn
- Summen
- Zählen
- Summen

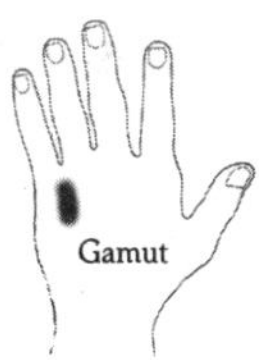

❻ Klopfen der Punkte 1 bis 13 mit Wiederholung des Themas in Kurzform

❼ Erneute Einschätzung 0 - 10

Noch etwas »Fachwissen« – wer's braucht ...

In den USA wurde die Effektivität von TFT vor einigen Jahren durch empirische Studien nachgewiesen (Callahan, 1987; Leonoff, 1995; Wade, 1990; Figley und Carbonell, 1995 und 1997). Speziell die Studie von Figley und Carbonell war eine systematische klinische Demonstrationsstudie, die an der Florida State University durchgeführt wurde und die Effektivität von TFT und verschiedenen anderen Ansätzen bewertete und bestätigte. Diese Ergebnisse sind auf EFT übertragbar.

Im Journal of Clinical Psychology wurde eine Studie veröffentlicht, die einen Durchbruch für die wissenschaftliche Anerkennung von EFT bedeutet.
Hier ein kurzer Abriss der Studie: Der Psychologe Steve Wells und seine Kollegen in Australien und den USA erforschten die Wirkung von EFT in der Behandlung von Ängsten vor Kleintieren (und Insekten).
Die Ergebnisse waren recht beeindruckend.
Eine 19-köpfige Gruppe, die EFT erlernt hatte, wurde verglichen mit 18 Probanden, denen man eine spezielle Technik der Tiefenatmung zur Angstbewältigung beigebracht hatte.
Die EFT-Gruppe zeigte eine signifikant größere Befreiung von ihren Angstsymptomen, und zwar sowohl im Hinblick auf die Fähigkeit, sich nach der Behandlung diesen Tieren zu nähern, als auch in Bezug auf die Selbstbewertung des Stresslevels.
Darüber hinaus hielt diese Angstbewältigung über einen Zeitraum von sechs bis neun Monaten in dersel-

ben Intensität an, was beweist, dass EFT-Behandlungen einen Langzeiteffekt haben. Bei der Gruppe der »Tiefenatmer« zeigte sich zwar auch eine Verbesserung in der Angstbewältigung, aber in weit niedrigerem Maße. Womit wissenschaftlich fundiert und veröffentlicht ist, dass es sich bei der Technik EFT um eine seriös einsetzbare Möglichkeit der Angst- und Furchtbewältigung handelt.

EFT-Studie beim Annual Meeting of Assc. f. Comprehensive Psychology, Las Vegas

In dieser Studie erforschten Dr. Paul Swingle und seine Kollegen die Wirkung von EFT bei Opfern von Autounfällen, die an dem posttraumatischen Stresssyndrom (PTSD) litten, einem komplizierten, einschränkenden Formenkreis, der unter anderem mit Panikattacken, Furcht- und Angstausbrüchen, Albträumen und anderen Stresssymptomen einhergeht.
Die Forscher fanden heraus, dass die Unfallopfer etwa drei Monate später, nachdem sie EFT (in zwei Sitzungen) erlernt hatten, signifikante positive Veränderungen in ihrer Gehirnwellenstruktur aufwiesen und bessere Werte auf der Stressskala angaben.

Untersuchungen und Studien in Südamerika

Ein weiteres Beispiel für fundierte wissenschaftliche Untersuchungen an Universitäten und Kliniken ist die fünfjährige Studie an über 5000 Patienten in Südamerika (Joaquin Andrade et al., 2001), die zeigt, dass der Selbsthilfeansatz EFT schnell zu vermitteln und zu lernen ist, einfach durchgeführt werden kann und vor allem wirksam ist.

Literaturempfehlungen

Literatur zu EFT

Benesch, Horst: Emotional Freedom Techniques, Kösel Verlag, München 2005

Carrington, P.: The Next Step - Making EFT Your Own, Pace Educational Systems Inc. (E-Book unter www.eftupdate.com)

Craig, Gary: Newsletter zu EFT-Entwicklung und Fallbeispielen: www.emofree.com

Craig, Gary: The EFT-Manual (freier Download unter www.emofree.com)

Craig, Gary: The Callahan Techniques: Eliminate Fears, Phobias And Anxieties (Addictive Cravings), www.emofree.com

Doose, Jürgen: Emotional Freedom Techniques, Nymphenburger Verlag, München 2004

Hartmann, S.: Emotionale Freiheit, VAK Verlags GmbH, Kirchzarten 2002

Keller, Erich: Endlich frei - Emotionale und körperliche Blockaden auflösen mit Emotional Freedom Techniques, Ullstein Verlag, 2005

Wagner, Ramona B.: EFT - Emotionale Freiheit, Omega-Verlag, Aachen 2003

Literatur zu verwandten Themen

Callahan, R. J., und Callahan, J.: Den Spuk beenden, VAK Verlags GmbH, Kirchzarten 2001

Callahan, R. J.: Der unwiderstehliche Drang, VAK Verlags GmbH, Kirchzarten 2001

derselbe: Leben ohne Phobien, VAK Verlags GmbH, Kirchzarten 2001

Diamond, J.: Der Körper lügt nicht, VAK Verlags GmbH, Kirchzarten 2002

derselbe: Die heilende Kraft der Emotionen, VAK Verlags GmbH, Kirchzarten 2001

Gallo, F. P.: Energetische Psychologie, VAK Verlags GmbH, Kirchzarten 2000

Gallo, F. P.: Handbuch der Energetischen Psychotherapie, VAK Verlags GmbH, Kirchzarten 2002

Gallo, F. P., und Vincenzi, H.: Gelöst, entlastet, befreit, VAK Verlags GmbH, Kirchzarten 2001